U0111830

大展好書　好書大展
品嘗好書　冠群可期

大展好書　好書大展

品嘗好書　冠群可期

武術秘本圖解 8

少林拳術秘訣

原著　陳鐵笙

（尊我齋主人）

整理　三武組

大展出版社有限公司

三武挖整組

（排名不分先後）

【組長】

　　高翔

【寫作組】

高　飛	鄧方華	閻　彬	余　鶴
景樂強	董國興	陳　鋼	范超強
趙義強	謝靜超	梁海龍	郭佩佩
趙愛民	黃守獻	殷建偉	黃婷婷
甘　泉	侯　雯	景海飛	王松峰

【繪圖組】

高　紳	黃冠杰	劉　凱	朱衍霖
黃　澳	凌　召	潘祝超	徐　濤
李貢群	李　劍		

目 錄

少林拳術
秘訣

目

錄

少林拳術
秘訣

第一章
氣功闡微

「柔術」之派別，習尚甚繁，而要以氣功為始終之則，神功為造詣之精。究其極致所歸，終以參貫禪機、超脫生死之域，而後大敵當前、槍戟在後，心不為之動搖，氣始可以壯往。此所謂「泰山倒吾側，東海傾吾右，心君本泰然，處之若平素」也。

雖然是，豈易言哉！每見沉心求道之士，平日養氣之言不離於口，靜悟之旨懷之在心，一旦臨之以稍可駭愕之事，則面目改觀，手足失措，神魂搖盪失捨。如是而求能靜以禦敵，戛乎其難。其高尚者且若是，至於浮動輕躁者，其心氣之易搖易亂，幾成固有性質。故試舉目而望，氣功之微妙變化，空谷中幾無跫然嗣響之音，此吾道之所以日衰也。

氣功之說有二：一養氣，一練氣。

養氣而後氣不動，氣不動而後神清，神清而後操

縱進退得其宜，如是始可言命中制敵之方。顧養氣之學，乃聖學之緊要關鍵，非僅邀爾「柔術」所能範圍。不過「柔術」之功用，多在於取敵制勝之中，故於養氣為尤不可緩也。

練氣與養氣，雖同出於一氣之源，然有虛實動靜之分，及有形無形之別。養氣之學，以道為歸，以集義為宗法。

練氣之學，以運使為效，以呼吸為功，以柔而剛為主旨，以剛而柔為極致。及其妙用，則時剛時柔，半剛半柔，遇虛則柔，臨實則剛，柔退而剛進，剛左而柔右，此所謂「剛柔相濟，虛實同進」者也。

以上練氣之說，中有玄妙，不可思議。若泛觀之，幾如贅語重疊，無關宏旨，詳加詮釋，精微乃見。今釋之如下。

第一節　運　使

既云練氣，則宜勤於運使。運使之法，以馬步為先，又名「站樁」。
（圖1-1）

圖1-1

圖1-2

以身之上下伸縮為次（如是則腰腎堅強，起落靈
捷，將來練習拳法，無腰酸腿戰之病），以足掌前後
踏地、能站立於危狹之處而推挽不墜為效果。究其練
成功時，雖足二寸在懸崖（1尺≈33.33公分，1寸≈
3.33公分，後同），而堅立不能動搖也（足掌前後踏
地，須練習久始能。平常人之足掌，則前後不相應，
故一推挽即傾跌也）。（圖1-2）

　　以上乃練足之法。蓋尋常未經練習之人，氣多上浮，故上重而下輕，足脛又虛踏而鮮實力，一經他人推挽，則如無根之木，應手即去。此氣不練所致也。故運使之入手法門，即以馬步為第一著。俗語云：「未習打，先練樁」，亦即此意。

　　苟能於馬步熟練純習，則氣貫丹田，強若不倒之翁，而後一切「柔術」單行手法，及宗門拳技，均可以日月漸進矣。

　　初練馬步時，如散懶之人，忽騎乘終日，腿足腰腎極形酸痛，其力反覺減退，此名為「換力」。凡從前之浮力虛氣，必須全行改換。但到此不可畏難，宜猛勇以進。如初夜站一小時者，次夜加增數分，總以漸進無間為最要。又站時若覺腿酸難忍，可以稍事休息，其功效總以兩腿久站不痛，覺氣往丹田、足脛堅強為有得耳。

　　足既堅強矣，則練手尚焉（手法詳後）。

　　練手之法，以運使腋力，令其氣由肩窩腋下運至指巔，如是而後全身之力得以貫注於手。用力久則手足兩心相應，筋骨之血氣遂活潑凝聚，一任練者之施用而無礙也。

第二節 呼 吸

肺為氣之府，氣乃力之君，故言力者不能離氣，此古今一定之理。大凡肺強之人，其力必強；肺弱之人，其力必弱。其弱何則？呼吸之力微也。

北派「柔術」，數十年前，乃有專練習呼吸，以增益其氣力者，成功之偉，頗可驚異。其初本為寡力之夫，因十年呼吸練習之功，有增其兩手之力，能舉七百斤以上者。

南派則練運使之法多，練呼吸之法少。蓋以呼吸之功，雖能擴加血氣，時或不慎，反以傷身。後以慧猛師挈錫南來，傳授呼吸之妙訣，於是南派始有練習之者。（圖1-3）

未幾，斯術大行，遂於運使之時，兼習呼吸。而南派「柔術」因以一變。茲將慧猛師之口傳秘訣，記之如下。

呼吸有四忌：

1. 忌初進時太猛。初時以呼吸四十九度為定，後乃緩緩增加，但不可一次呼吸至百度以外。

2. 忌塵煙汙雜之地。宜於清晨或曠寂幽靜之所行之。晚間練習，宜在庭戶外，不可緊閉一室中。

圖1-3　慧猛禪師

　　3. 忌呼吸時以口出氣。初呼時，不妨稍以口吐出
肺胃之惡氣，以三度為止。向後之呼吸，須使氣從鼻
孔出入，方免濁氣侵襲肺部之害。又呼吸時，宜用力
一氣到底，而後肺之張縮，得以盡吐舊納新之用，而
氣力以生。

　　4. 忌呼吸時胡亂思想。大凡人身之氣血，行於虛
而滯於實。如思想散弛，則氣必凝結障害，久之則成
氣痞之病，學者不可不慎焉。

　　以上四忌，須謹慎避之，自無後患。待至成功
時，則周身之筋脈靈活，骨肉堅實，血氣之行動，可

以隨呼吸以為貫注。如欲運氣於指尖臂膊，及胸肋腰腎之間，意之所動，氣即赴之。倘與人搏，則手足到處，傷及膚理，不可救療。氣之功用，神矣哉！

洪惠禪師曰：「呼吸之功，可以使氣貫周身。」故有鼓氣胸、肋、腹、首等處，令人用堅木、鐵棍猛擊而不覺其痛苦者，由於氣之鼓注包羅故也。（圖1-4、圖1-5）

圖1-4　洪慧禪師

圖1-5　木棒劈頂而不傷

但有一處，為氣之所不能到者，即面部之兩頰是也。擊他部雖不痛，唯此部卻相反耳。

呼吸之術，當時北派最盛。而西江、河南兩派，則以長呼短吸為不傳之秘法。河南派則名此為「丹田提氣術」；西江派則名之為「提桶子勁」（勁即氣力之俗稱也）。究之名雖異，而實則無甚差別。

【其法】直身，兩足平立，先呼出濁氣三口；然後曲腰，以兩手直下；而後握固提上，其意以為若攜千斤者然，使氣貫注丹田、臂指間。待腰直時，急將手左右次第向前衝出，而氣即隨手而出，不可遲緩。

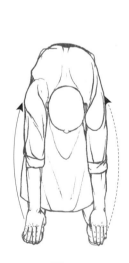

圖1-6　　　　　　圖1-7　　　　　　圖1-8

圖1-9　　　　　圖1-10　　　　　　圖1-11

唯手衝出時，須發聲喊放，方免意外之病。（圖
1-6～圖1-10）

　　自此以後，則手或向上衝，或左右手分提（仍須
曲腰，與前同），總以氣血能貫注流通為要。又向上
衝時，覺得氣滿腋肋之間；左右分提時，仍伸指出而
握拳歸，儼如千萬斤在手，則丹田之氣不期貫而自貫
矣。但提氣時，須漸漸而進，有恆不斷，為成功之效
果。學者須靜心求之，勿視為小道野術可也。（圖
1-11～圖1-15）

圖1-12

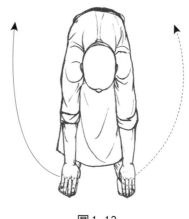

圖1-13

圖1-14

圖1-15

第三節 剛 柔

「柔術」雖小道，精而言之，亦如佛釋有上、中、下三乘之別。三乘為何？即剛柔、變化二者而已。其宗派法門，千差萬異，雖各有其專家獨造之功，而剛柔變化之深淺，即上中下所由判焉。

上乘者，運柔而成剛。極其致也，不剛不柔，亦柔亦剛，如猝然臨敵，隨機而動，變化無方。指似柔也，遇之則剛若金錐；身似呆也，變之則捷若猿兔。敵之遇此，其受傷也，不知其何以傷；其傾跌也，不知其何以傾跌。神龍夭矯，莫測端倪。此技之神者矣！但柔而成剛一段工夫，非一朝夕所能奏效。此上乘中技術也。

所謂中乘者何？即別於上乘之謂也。其故因學者初學步時，走入旁門，未蒙名師之傳授指點，流於強使氣力，剛柔無相濟互用之效。或用藥力或猛力等，強練手掌臂腿之專技，不辭痛楚，朝夕衝搗蠻習，遂致周身一部分之筋肉氣血，由活動而變為堅凝死壞，致受他種之病害。

其與人搏也，尋常人睹其形狀，則或生畏懼之心，而不敢與較。若遇上乘名家，則以「柔術」克

之，雖剛亦何所用？俗諺云：「泰山雖重，其如壓不著我何？」此剛多柔少，之所以非上乘也。

術以柔為貴。至於專使氣力，蠻野魯劣，出手不知師法，動步全無楷則，既昧於呼吸運使之精，復不解剛柔虛實之妙，乃以兩臂血氣之力，習於一拳半腿之方，遂自命個中專家，此下乘之拳技；不得混以「柔術」稱之，學者所宜明辨也。

中乘之術，不過偏於剛多柔少之弊；然尚有師法派流，變而求之，不難超入上乘之境界。唯下乘者，無名師益友之指授，日從於插沙（鄉鄙之拳師，教人用木桶盛沙，使勁每日以手指頻頻插之，使指尖硬如鐵石）、打樁（即用圓木一段，釘於地中，每日朝夕用足左右打之，初淺而次第加深，如能打翻入地二三尺之樁，則足力所擊，遇之必傷折。此拳師教人練習足力之法。當時潮州、嘉應、肇慶等處，多愛習之）、拔釘（敲釘於板壁中，每日用手指摳之，以能拔出最深之釘為功效。如與人鬥，指力到處，皮膚為之破裂，此亦西江派所最愛者也）、磨掌（磨掌之法，每日將掌邊向桌緣、幾側等處頻頻擦磨，至皮外老結堅凝時，再以沙石勤搓，並以桐油等物塗之，總以掌緣堅、皮高起，剛硬如鐵為止。故人遇其掌骨斫落，無異金石之器也）之事。

究其所到，不過與全未練習之人遇，則頗堪恐怖；如一旦逢「柔術」名家，鮮有不敗者矣。（圖1-16～圖1-19）

圖1-16

圖1-17

少林拳術
秘訣

圖1-18　拔釘

圖1-20

　　從此觀之，斯道以剛柔變化能達於極品者，為上
乘；剛多柔少謹守師法者，為中乘。至於一拳一技之
微，有剛而無柔，專從事於血氣之私者，於斯為下
矣。嗟爾後學，可不鑒諸！

第二章
五 要 說

術既有剛柔之判，而利害亦隨剛柔而相生。練習者，須識之於始，慎之於初，而後可無傷身意外之患。此剛柔之術所宜擇，五要之說所由生焉。

1. 初練習時，要漸進，不可猛進。

大凡未經練習之人，或已練習而因故輟棄太久者，其周身之脈絡筋骨，不甚靈活，倘遽爾用力過猛，輕則筋脈有張弛之痛苦，重則臟腑起震裂之大患。

數十年來，士大夫皆以練習「柔術」為規戒，蓋因少年愛習此道者，多罹殘疾夭折之害。推求其故，實由於不知用力漸進之方，而又好逞血氣鬥搏之事；且以不遇名人，從事於下乘拳技，其受害大可驚歎。定性禪師謂此為長生之術，今練習者竟與斯相背戾，此所謂採術不良，豈斯道之咎也哉？（圖2-1）

圖2-1　定性禪師

2. 既得方術，要以恒心赴之，勤敏持之，不可中道停輟。

　　萬事皆須有恆，而「柔術」為尤要。吾見與人談及此道，愛之者十常七八，唯能始終不懈、達成功之境者，千百中難得一人，皆因無恒心所致，大可歎息也。此道能朝夜孜孜不輟，則三年小成，十年大成，獲畢生之益，無一朝之患。既保一身，兼可扶危救弱，而長生視息，猶其餘事者也。

3. 練習時，要節戒色慾與狂飲。

人身之氣血，未鍛鍊則虛浮而無力，既鍛鍊則靈活而易動；倘於斯時不知節制慎守，則全副精華，必至若決江河，一潰而不可復收，反不若不練習者之為佳也。然此乃人生之大防，不僅為此道所宜然；少年諸生，皆宜謹守先聖之古訓，而終身行之。

4. 已成功時，要靜氣凝神，涵養謹慎，不可有恃術凌人與好勇鬥狠之事。

吾宗之練習此術，乃有深仇隱痛，存於其間。念故國河山已墮，披髮為奴之劫。恐筋肉廢弛，勉奮雞鳴舞劍之心。東海可移，此恨難消；磨精煉骨，留以有待。故吾人夙夜孜孜於此，非一人一家之微。假使天不亡漢，成功終有其時。宜默識此意，不可懷一毫凌侮他人之心，為吾宗之罪人也。戒之！戒之！

現在光復大漢，已成事實。而強鄰環峙，侵奪頻仍，其痛更有十倍於亡明遺族者。願讀者更有所注意也。

5. 出外遊行時，要謹遵宗法，皈依十戒（其戒約詳後章），**傳授他人亦宜以此誥勉之。**

吾宗術法，雖創始於達摩禪師，而推闡變化以臻大成者，則以圓性禪師（生於晚明，別創擊劍術及十戒約規）為首屈一指。至明末諸老，避難南來，更欲

圖2-2　達摩禪師

圖2-3　圓性禪師

以此為磨礱筋骨之具，斯道乃重放光明。（圖2-2、
圖2-3）

其開始第一手，以左手握拳，右手拊其背，示反背國仇之意，不知者只以為開手作禮勢也。（圖2-4、圖2-5）

圖2-4

圖2-5

地盆則以踏入中宮，亦為不忘中國之意。凡在外如遇敵欲搏鬥，則先退三步，再進一步半，此為踏入中宮，再舉手如第一勢。（圖2-6～圖2-8）

圖2-6

圖2-7

圖2-8

圖2-9　痛禪上人

　　若敵人係同宗派，則停手不交，此為少林最要之宗法。違之，則犯大不敬，同人必有以滅除之。十戒之約，始於圓性禪祖。後經痛禪上人稍為增易，明不忘祖國也。（圖2-9）

　　按：痛禪上人，即明皇族朱德疇剃度後之名也。上人，傳聞係福王之堂叔。後數年復蓄髮往粵西，謀舉兵恢復；不成，又復歸少林，旋為人偵悉，謀捕

之。上人乃遁於臺灣。依延平之子，欲有所陳；不聽，遂鬱鬱還至淡水死焉。聞上人「柔術」最精，當其在梧州時，捕者十餘人，悉被次第拋置街心，上人乃得潛逃出險云。（圖2-10）

痛禪上人在梧州時，捕者十餘人，悉被次第拋置街心，上人乃得潛逃出險。

圖2-10

第三章
技擊入手法

　　「柔術」一端，學之不難，求精為難。吾自初涉藩籬，至於今茲，垂二十有九年，走遍南北，所遇名人巨手，以數十計。凡秦、晉、燕、趙、齊、魏、楚、蜀之地，其中名手極多，而以山左山右及秦、魯為盛。考其宗派，雖有傳授之不同，要之不出南北兩宗之衣鉢。

　　窮其平日得力之地，與其深造精專之術，各有其長，不可以一端盡。有練一指者，有習一腿者，有專用力於呼吸者，有從事於跳躍以為能者。爭奇鬥異，如當春之花，紛華絢爛，不可思議。倘不得高明以指示擇別，則如披沙揀金，終無自得之妙。故每與名手遇，則緩其特長，急其尋常致力，與其初時入手之方。藉以觀察各人派別，以為匯歸變化之基。

　　以此數十年來，求友不可謂不勤，詢訪不可謂不

多。合而觀之，始知師法雖有異同，而入門之矩鑊（ㄏㄨㄛˋ），則相差實無甚懸遠。茲將次第列記於下方，不僅留當年鴻爪，亦以使後人按跡而求，不至漫無津涯也。

第一節　地　盆

南派曰「地盆」，又曰「地盤」；北派曰「馬步」；河南派及蜀、黔、楚等處，又曰「站椿」，名異而實同也。

地盆之法，為初入門時所必要，藉此練氣下行，不獨增長足力，且可免血氣上浮。血氣上浮可致身幹上重下輕，稍一動作，即覺喘呼足顫，有不打自跌之患。故地盆宜於初時痛下站立之功。

地盆有三，隨學者取便習之。

一、八字地盆

足如八字形，兩腿蹲下，與騎乘無異。（圖3-1）

二、一字地盆

此勢如「一」字形，只須照八字勢，將腳跟向前稍移，使兩足平排如一字可也。（圖3-2）

圖 3-1　　　　　　　　圖 3-2

但此較八字勢稍難，學者須將八字勢練過旬日，再進此也。

三、正二字地盆

又名「川字地盆」。其法不過較八字勢，將兩足尖朝內收進，即成此勢。（圖3-3）

但此勢須將膝向前作跪勢，令後腳跟起，而足尖落地，此練習足尖之意也。（圖3-4）

地盆有四忌：

1. 忌兩腿蹬下，不能平正。不平則不能得力。

2. 忌站立時腰背彎曲。腰曲則氣不能下。

圖3-3

圖3-4

3.忌一站即起。使兩腿全不受痛楚，則進功必緩而無成。

4.忌肩聳頭斜及眼光亂視。凡練習時，肩窩欲平，頭頸欲正直，眼光欲平正。

練習時，兩手高插肋間，聽氣下行，迨至腿力實到酸痛難忍，無妨略事休息，總以站立時刻逐漸加增，以至兩腿無痛苦而有力為功效也。

第二節　手　法

手法雖有各家之別，其淵源要不出岳氏之雙推

（武穆少年時，喜技擊，倡雙推手法，後世多宗之），就吾所見而論之，北派尚長手，南派尚短手。長手貴力足，短手能自顧。平時練習，非長手不能達氣；對搏時，非短手不足以自保。故長短互用，剛柔相濟，為此道之正宗。

茲將南北派之各家通行手法講之如下。

一、牽緣手

此即雙推手之變化。法用左右手作回環護攔之勢。其兩手指端至練熟時，必作連環勢。（圖3-5～圖3-8）

圖3-5　　　　　　圖3-6

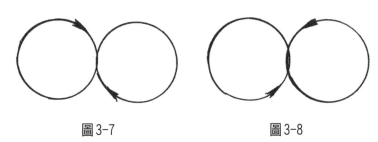

圖3-7　　　　　　　　　　　圖3-8

　　此手能練圓時，則指臂靈活，一切手法，皆不難迎刃而解。此為初學步時所當經心練習者也。

　　【用法】如敵人以手或木棍擊來，則以左右隨勢緣格，敵手與物遂落空不能中。於是再進逼一步，隨機以取敵之要害。（圖3-9～圖3-13）

圖3-9

圖 3-10

圖 3-11

圖 3-12

圖 3-13

此手又名「猿手」，蓋猿每遇，必用此種手勢，靈捷異常，故即以之為名云。

（圖3-14～圖3-16）

圖3-14

圖3-15

圖3-16

二、纏 手

　　此手又名「陰牽緣手」。與前手稍不同者，前手陰陽互用，此手純用陰（即掌下覆之勢）；前手作正面勢，此作側勢（或左側，或右側），譬如左手朝前纏，右手則從腋下（乃左手腋下），盡力格出，如是循環，或左右練習，自能有功也。（圖 3-17、圖 3-18）

圖 3-17

圖 3-18

此手又名「蛇纏手」，蓋取與蛇之纏繞樹枝相同，以故純用覆掌陰手出之。

【用法】與牽緣相異者，牽緣取正面之格攔勢，此則取其側面，乘勢以揮擊敵人之腋窩，且並作回護勾格下部遇敵之用。（圖3-19～圖3-27）

能熟練之，自有妙境。演練時，手向內纏，非向外纏，觀勾格二字自明。若向外纏，則與之相去已甚，學者謹記之。

圖3-19

圖3-20

圖3-21

圖 3-22

圖 3-23

圖 3-24

圖 3-25

圖 3-26

圖 3-27

三、長短分龍手

北派最喜練此手，吾所見名師鉅子，其演練手法，即開始出此。蓋方家技士，以此為演習最冠冕。

【其法】用手左右分排，如左長則右短，右長則左短，故又名「排闥手」，江湖賣藝者則名此為「開門手」。（圖3-28、圖3-29）

此手之用力，以前肘及掌緣向外翻滾，而兩掌心必須相應，且練時足作子午椿（椿步詳後），下半馬（即身稍蹲下之意），力自肩窩腋裡運出。

此手用法亦為分格之用。到熟練時，即格即打，

圖3-28　　　　　　圖3-29

即打即格，無須重行換手，換手即遲慢也。（圖
3-30、圖3-31）

圖 3-30

圖 3-31

四、剪 手

此手陰關陽闔，相叉如剪，故名為「剪手」。

（圖3-32～圖3-35）

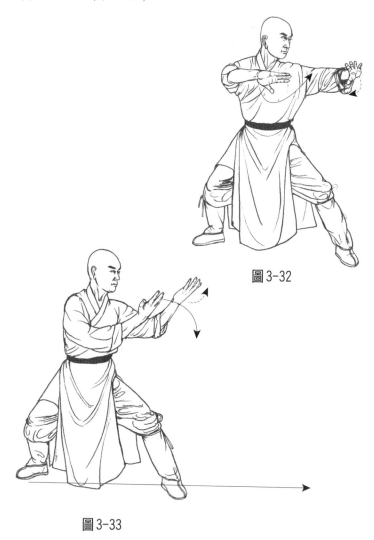

圖3-32

圖3-33

圖3-34

圖3-35

　　此手之用力，亦以掌緣及兩肘為要。但有一最宜注意者，兩手叉剪時，身宜稍側，而胸向內吞，如是與敵遇，方不致被緊逼，且不失其寬綽進退之勢。

　　【此手法之用】可以格壓敵人之手，而取推排敵人之勢，在善於妙用耳。昔在川黔時，遇一人，以剪手名家，因其練習勤苦，兩臂如鐵，如人與搏，經其兩手叉剪，則手骨必折斷。亦江湖中之絕技也。（圖3-36）

　　又，剪手之取勢，身宜稍側，左剪則左手在前，

圖3-36　剪手名家一剪制敵

用右手盡力斫入，以右手叉壓至左手肘彎為止。唯叉
合時，右手之指端，只可叉過左手彎外一寸餘，否
則，恐被敵人封逼，致不能變化，此最忌也（右剪時
同）。又，剪叉時，無論左右側，前後手俱宜稍平，
倘前手失於彎曲而高起，其弊害亦可慮也。

剪手頗具變化，叉合時，兩掌向上，名為陽手；
一分開則變為陰手，其勢如骨牌中之長三形，可以乘
勢而點擊敵人之咽喉或目部要害處。（圖 3-37、圖
3-38）

圖 3-37

圖 3-38

圖 3-39　高濼園先生

　　先師高濼園先生教吾曰：「剪手最靈快，取敵亦甚得力，能精練則受用無窮。」唯有一事，須謹記者，凡無論何手，如係使用掌時，其拇指須緊貼掌緣，微帶曲勢，切不可放開。此在平常練習時，經心記之，久則習慣自然，自無拇指分開之弊；前四指亦須緊排平直，此通行法耳。（圖 3-39）

五、斫挑手

　　又名「切手」，取如刀之斫切物也。此手有雙斫

圖3-40

與單斫之分。

　　單斫，則一
手挑撥，一手斫
擊敵人之膀肉及
脈根、耳部，或
腿部等處。（圖
3-40、圖3-41）

051

圖3-41

雙斫，則兩手長短齊出，帶挑帶斫，極為便捷可法。（圖3-42～圖3-45）

圖3-42

圖3-43

圖 3-44

圖 3-45

【此手操法】即從剪手稍為變化，雖名為切手，但出手時，總宜側身排掌，斜向斫出，方能得力。（圖3-46～圖3-50）

圖3-46　挑

圖3-47　斫耳門

圖3-48　挑

圖3-49　斫左脇肋部

圖3-50　斫小腿

六、托 手

黔派名為「托天手」。

操練時，亦宜左右分演。

如左手托上，右手則向身側勾撥而下。（圖3-51）

右托，則左手亦如之，故又名為前托而後勾。（圖3-52）

托用掌心力向上托起，若端長木盤然。勾用腕力指力。

圖3-51　左托手

圖3-52　右托手

【**此手用法**】可以托開敵人之手臂，乘機以拊擊其膀後，使其立身不穩，力無所用，取側勢故也。

（圖3-53～圖3-57）

圖3-53

圖3-54　拍膀後

圖 3-55

圖 3-56

圖3-57

七、插 手

此手又名「點手」。有掌插、指插、駢指插、三指插等等之異。（圖3-58～圖3-61）

然此非於氣功習練精到，不易學步。掌插稍易，一指插為最難。南北各大家以此著名者，僅寥寥數人而已。此於「柔術」，乃上乘宗法，非三五年功夫所能見效。

聞之師言：昔遊黔中，於銅仁府城，遇一胡某，練一指之功，用五十年之力，且破產交遊，足跡遍南

圖 3-58

圖 3-59

圖 3-60

圖 3-61

圖3-62　指功高手黎平胡氏

北，所遇名手極多，故觀其出手，一步一趨，皆有師
法，為吾人平生所僅見。聞以在黔中作煙販、鏢手為
生活，當此鮮有敵者。有人為吾道，胡某當鏢客時，
年已七十餘矣。暴徒嫉惡之，約十餘人，各執長柄鐵
矛，圍擊於茶肆中；胡某聲色不動，鐵矛擊至，微以
指敲之，紛紛墮地，其技亦神矣哉！旋與吾訂交，頗
相得。然衰年龍鍾，猶向吾問劍術不已。其雄心真近
世罕與匹儔者，豈非異人哉！（圖3-62、圖3-63）

年已七十餘，十餘人圍擊，鐵矛擊至，微以指敲之，紛紛墜地，其技亦神矣哉！

圖 3-63

此外手法之名目甚多，其要總不出於此數種之變化。然所最宜注意者，初入門時，不妨廣為練習，以堅筋骨而別門戶；操之純熟，則迅擇一正宗手法，專求精到，如士子讀書，貴先博而後約，斯道何獨不然？吾師嘗謂吾曰：「手法愈簡一，功夫愈精到，總以恒心敏力赴之，自能抵神化境也。若只求法術多，千通萬曉，而自己無一獨到處，則終屬下乘，卑卑不足言也。」

第三節　掌　法

　　掌法為北派擅長之技，少林則以駢中、食兩指為
宗法。至般慧禪師起，亦創習掌力，唯與北派異者，
北派多四指緊排，拇指曲貼掌緣；「般禪掌」則鈎四
指如鷹爪。北派謂之為「柳葉掌」，南派則謂之為
「虎爪掌」。要之，形式名稱雖不同，而其用力則一
也。其一為何？即指向外翻，注力掌心是也。（圖

圖3-64　般慧禪師掌功驚人

圖3-66　虎爪掌

圖3-65　柳葉掌

3-64～圖3-66）

掌法之平時
練習，以岳武穆
之雙推手為宗。
（圖3-67）

圖3-67　岳武穆雙推手

總須肩窩吐力，氣貫掌心，為最當注意之事。又，掌之制敵，以按入胸肋心穴為度，他處不能用。且有雙掌齊出及單掌獨進之別，在學者神而明之，隨時變化可也。（圖3-68～圖3-71）

圖3-68

圖3-69

圖3-70

圖3-71

　　般慧禪師習此二十餘年，因用力之勤而頗有所
悟。茲將其掌訣歌記之如下：

　　　氣自丹田吐，全力注掌心。

　　　按實始用力，吐氣須開聲。

　　　推宜朝上起，緊逼短馬蹬。

　　　三字沾按吐，都用小天星。

　　推宜朝上起：掌力朝上，敵始易於傾跌。

　　緊逼短馬蹬：緊逼而後出掌得力，短馬而後可以
自顧。

　　小天星：即掌尺脈上之銳骨。（圖3-72）

圖3-72　短馬緊逼　　　　　圖3-72附

小天星

　　鐵齋氏曰：「掌法先用指，點入敵之咽喉部，再平掌按下，覺掌心正及敵人之心窩，而後放全力吐出。但吐出時，須開聲一喊，令敵人心房猝然一驚，則掌力始恰到妙處。然此須精熟者始能為之，更不可輕易用此，草菅人命也。」（圖3-73～圖3-75）

圖3-73　鐵齋氏

圖 3-74　掌插咽喉

圖 3-75　掌印心口

第四節　指腕肘拐之練法

指掌之法，已述如前矣。

腕力與肘拐骨力，均須練習。吾師曾訓吾曰：「一身均宜練到，始可有用而免他患。若專主於一，雖為求精之道，久之則血氣偏枯於一處，而身乃受其大害。故博而返約，約時仍不可忘博。否則，終歸下乘也。」

腕與肘骨之練習，即用剪手變化。如剪手陰開時，即肘骨用力處，剪手則平掌而出，此則手作勾撥勢足矣。仍宜左右前後、橫拐縱拐，使腋裡之力平分。（圖3-76～圖3-83）

圖3-76　剪手分陰掌為肘勁

圖3-77 剪手合陽掌為腕勁

圖3-78 左頂肘

圖3-79 右頂肘

圖3-80　前頂肘

圖3-81　後頂肘

圖3-82　右縱肘

圖3-83　左橫肘

唯此有二忌焉，學者須留意：**用拐須迅速如風，防敵人之挑斫**，故忌遲。

用拐須短馬，放拐時變為半長馬，以免拐高，易被敵人乘虛理入腋下之患，故用拐忌高。

拐之制人，多在稠人廣眾中，少則不可輕用。用時更須取側勢，如前後拐，則收宜捷速，後防斫擊、前防挑理也，記之記之。（圖3-84）

圖3-84　肘打八方擊敵

第五節　橫力直力虛力實力之辨別

鐵齋氏曰：「不學之人，虛力多而實力少，有直力而無橫力。」此為確有閱歷之言。橫力之練習，以分龍及剪手，習之久則橫力生焉；直力則由於吐自腋裡為實直，否則虛直而已。其根源視氣功之深淺厚薄為辨，能於吾宗所秘傳之龍、虎、豹、蛇、鶴五種拳法，精熟有得，則此又其淺焉者矣。

秋月禪師曰：「練到骨節通靈處，周身龍虎（即血氣之稱）任橫行。掌心力從足心印，一指霹靂萬人驚。」學者宜精心玩此，則於吐氣用力，當得其三昧也。（圖3-85）

圖3-85　秋月禪師

第四章

通行裁手法

第一節　挑手　斫手　攔手　切手

挑，即上挑敵人之手。（圖4-1、圖4-2）

圖4-1

圖4-2

斫，即順勢斫下。（圖4-3、圖4-4）

圖4-3

圖4-4

　　攔，即將敵人之手與物攔開（此為橫手）。（圖
4-5、圖4-6）

圖4-5

圖4-6

切，即乘機直切而下（亦格手也）。（圖4-7～
圖4-10）

圖4-7

圖4-8

圖4-9

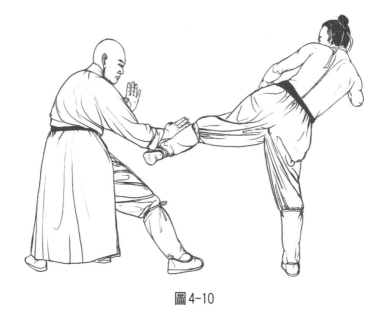

圖4-10

　　此乃川、黔、湘、楚「柔術」家之通行裁手法。
唯為初入門者所不可不知。迨到精熟時，則應變無
方，行所無事，所謂不期挑而自挑，不必攔而自攔。
此中妙境，名家巨手能知之，淺嘗者難喻也。

　　猶記三十年前，吾遊秦中，在涇源遇一高姓者，
以精於猴拳，著聲關內外。吾與之訂交六閱月，談藝
頗密。其手腕之靈捷矯健，腰腿之輕柔活潑，洵近世
中之健者也。嘗語吾曰：「吾輩遇敵時，出手當如飄
風迅雷，使其聞風而倒，哪有手跡可尋？此吾秦中俗
語所謂『打來勿許見，見時不足算』也。」則其技之
神，亦可於言外見之矣。（圖4-11）

圖4-11　涇源高氏

第二節　封手　逼手　擒手　拿手

封手者，即封關敵人之手，使不能活潑變化也。
（圖4-12～圖4-15）

少林拳術
秘訣

圖4-12

圖4-13

圖4-14

圖4-15

逼，即乘勢緊逼，進馬一步，作吐放之勢，使敵
立足不住也。（圖4-16、圖4-17）

圖4-16　封住後，右手往前逼近，敵倒

圖4-17　左手前逼敵左腋後側，敵必倒

擒拿本為一手，即擒按敵之手或要害之處，使敵不克動彈也。（圖4-18～圖4-21）

圖4-18　五指抓握為擒

圖4-19　三指扣關節、穴位者，為拿

圖4-20　左手擒敵左腕

圖4-21　右手拿敵左腋極泉穴

故就次第而言，封先而逼後，封乘機而逼取勢；
擒拿則又屬單行手法，與封逼不能牽同。此為初學而
言，亦係一種制敵取勝法門。若至於熟練精到時，此
等手法，皆可不用。

蓋以吾輩一舉手投足之下，敵已失其手足活潑之
力，不必吾封而已自封之也。倘遇名家，則此種手
法，更不可輕用。

大凡技擊家之逢敵手，總以先用探手，觀其宗派
家法，與其得力深淺，而後可以變化應敵，握機進
取。倘若江湖俗子，輒欲浪施封逼之陋術，一旦偶逢
強手，不能封人，先已自封；且逼之既緊，退步無
地，不獨取敗，亦且見哂於大方，學者所當謹記也。

據西江派鉅子熊劍南先生之秘傳遺語，謂擒拿實
係兩手，且有專家法術。在此道中，乃一獨立宗派。
其秘訣，在深悉人身氣血流行之時刻，與其脈絡穴道
之部位。若按時按穴而擒拿之，可以隨輕重而致其性
命之死生。平日練習之手法，約有七十餘種之多（與
撫七弦琴之手法略同），而擒拿則其總稱也。（圖
4-22）

劍南先生又云：「擒拿學之難，傳之初非易易。
在昔先輩，誠厚慈善之家，精此者尚有數人，西江中
不過一二人，餘皆湘、楚、黔、蜀諸名手。後以此道

傳非其人，常有濫用傷人事，以故先輩恐遭天譴，相
戒不輕傳授。百餘年來，此道遂如廣陵散，不復留遺
在人間。絕技失傳，致斷薪火，殊堪重歎！」

圖4-22　熊劍南先生　西江派巨子

又聞濼園先生云：「數年前，在荊襄遇一道士，頗精此術，唯未見其施用，故不知造詣何如。是此道尚不至絕跡。唯聞見寡狹，覺不敢臆斷耳。」（圖4-23）

圖4-23　濼園先生

少林拳術
秘訣

第五章
解裁手法之真訣

　　上論八手，不過為入門者略言及之。其實，敵手之可以解、可以裁者，定屬門外漢。若名手內家，其手法變化無方，瞬息即異，豈有易於解裁乎？對手相逢，力敵矣，則觀變化；變化同矣，則觀捷速；捷速同矣，則觀機巧；機巧同矣，則觀平日得力專工之深淺，與造詣之精魯，而優劣勝負判焉。倘係智均力敵，則兩雄一舉手即知，不致妄相水火也。

　　或問曰：然則如先生言，解裁手法可以不必學矣。

　　曰：此道有虛實常變之別，明乎此而後可以言解裁。何則？如既名為解裁，必須敵出實手，而後可以解之裁之，虛則不能解與裁也。故可解可裁者，法之常；隨機生巧者，法之變。常則有跡可尋，變則神明莫測。倘係外家，出手即露四相。此等敵手，凡入門

半年者，即裁之解之，而有餘矣。

四相為何？即：

1. 揮拳高舉，劈頭而下。拳即高舉，則腋部必空。其病一。（圖5-1、圖5-2）

圖5-1

圖5-2

2. 長拳衝入，手臂伸直無餘，且拳之收入又遲緩停滯。手直則鈍，不傷則折。其病二。（圖5-3）

3. 無馬步樁法，長身直立，如僵立之碑。直立則後虛，一動即跌。其病三。（圖5-4、圖5-5）

手直則鈍
不傷則折

圖5-3

長身直立易跌

圖5-4

圖5-5

4. 怒氣騰漲，進退甚猛，血氣上升，手足無主。怒則心昏，自動不知，何能勝人？其病四。（圖5-6、圖5-7）

怒則心昏

自動不知
不擊則自倒

圖5-6

圖5-7

　　既現此四相，可以不言而知為外家。此等出手，挑之、斫之、攔之、切之，或隨意封逼之，隨意任行，毫無礙事。蓋以此等人，手即高舉直出，全身之空虛甚多，自由解裁，可以左右逢源，此尚為學之未精者言之也。倘係老手名家，則視此如玩弄小兒，又何裁解之足云。

蓋裁解手法，乃斯道之淺，而非斯道之深者也。至於名家相遇，則出手無隙之可乘，手本虛也，不拒則實；手本實也，按之則虛；觀其進也而實退，勢若緩也而實捷。聲東擊西，欲虛反實；矯若神龍之遊空，猛如虎兕之出柙。此所謂棋逢對手，爭勝負於毫末之微，乘機勢於黍米疏密之際，又豈一挑一撥、半封半逼之手法，所能解裁見功乎？故謂解裁非此道之精者此也。

雖然，解裁亦有一定之方法，又不能不為初學者道也。茲示之如下。

1. 高來則挑托。（圖5-8、圖5-9）

圖5-8

圖5-9

2. 平來則攔格。（圖5-10、圖5-11）

圖5-10

圖5-11

3. 低來則斫切。（圖5-12、圖5-13）

圖5-12

圖5-13

4. 勢猛則乘其勢，以猛還之。凡來勢猛，必上部重而下部輕，先避其勢，後乘其虛，取側勢而擊之，無不應手而倒，所謂以猛還猛，是在精熟家之妙用耳。（圖5-14～圖5-17）

圖5-14

圖5-15

圖5-16

圖5-17

5. 力強則借其力而順制之。借力之法，亦與此同。術家所謂「借他千斤力，不費四兩功」即此意也。（圖5-18～圖5-20）

圖5-18

圖5-19

圖5-20

6. 敵力勝於我，
則取側鋒以入。敵力
強，若踏洪門以進，
則易於被敵制，而不
能進退取機與變化。
（圖5-21～圖5-23）

邊
門

洪
門

邊
門

圖5-21

圖5-22

圖5-23

7. 敵力弱於我，則踏洪門而進。術家通稱正入為踏洪門。吾宗則名為上中宮。（圖5-24、圖5-25）

圖5-24

圖5-25

8. 動手欲防敵人足，須注意其肩窩。大凡用長腿飛擊時，其肩窩必先聳起，此定勢也。（圖5-26～圖5-28）

圖5-26

圖 5-27

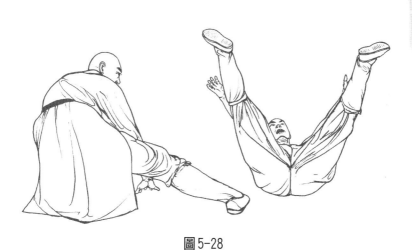

圖 5-28

9. 有時偶爾不備，被敵從後突忽圍抱，可急下半馬，先以頭向後撞擊敵人之面鼻。因抱時彼此之頭部，正對準也。（圖 5-29、圖 5-30）

圖5-29

圖5-30

　　倘一擊不中，再乘勢以足向後提去，以取敵人之下陰部，無不鬆解者。（圖5-31）

　　倘二擊再不中，則吞氣一口，鼓力周身，猛起肘拐，以衝擊敵人之胸、肋、腹部等處，則敵雖勇亦難支架不退也。（圖5-32、圖5-33）

圖5-31

圖5-32

圖5-33

107

此為初學之解裁法。若係名家，精聽聲術者，雖在暗夜中，尚能有以自衛，不易輕為他人制；即被制，亦應變有方，使敵自斃。蓋以用手暗中趁不備而圍抱人者，乃拙愚者之所為，其解裁非甚難也。

10. 凡與人搏，切不可用手沾實敵人之手與物。蓋不實則虛，虛則易於變化。此初學步者不可不知之術。若於吾宗拳術精習有得，則陰陽虛實，神變無窮，此等解裁法，真卑卑不足道也。（圖5-34、圖5-35）

以上十法，均通行之解裁術。唯有兩大端，須精心求之者。

圖5-34

圖5-35

1. 為求名家鉅子之確有宗法者，悉心而學之。先練其常，後精其變；氣力交修，手足雙練。不安小就，苦求大成，則純技專術，自能強身濟世。此等解裁，一點即通矣。

2. 須自己有所悟入，始能受用。人之手足，同具於天，此往彼來，舉動無甚懸殊。習之既久，始能隨機生巧，在學者勿驚馳虛泛，皈依精到。凡一切有形之手術，皆成筌蹄之末技耳。

澄遠禪師為吾宗技法之神手，能於百步之內，令敵傾跌，莫能起立，人以為神功所致。師自言：「此由平日精修純練得來，及到功夫圓滿，則神乎，非神

圖5-36　澄遠禪師

乎，自己亦莫測其妙。」（圖5-36）

　　蓋以三十年練一印掌，初懸薄板於壁，朝夕午頻

頻運掌心印擊之；久則去板，置有聲之物（如鼓鑼等

物是也）於夾壁中，習之如前；久則掌力印處，物為
之應而有聲。（圖5-37、圖5-38）

圖5-37

圖5-38

如是由近而遠，十年則尋丈內外，人亦覺痛苦，則氣功神矣！迨至勤修再二十年，雖百步內，人亦立足不住，似不謂之神而不得。然其實則平日精修積累而來。

吾釋神通廣大，無量無邊，區區末技，又何神之足云？特患世人不勤苦精恒以求之耳！吾實不敢以神功欺後人，效犟江湖遊技之徒所為也。

茲將禪師偈言記之於下：

功夫深處莫可言，可言之術皆筌蹄。

能於生死參解脫，佛法廣大正無邊。

第六章

身法示要

　　學者既於地盆（即馬步）、手法、掌法、解裁手
法等，知其用力之道、練習之方，則於此術，已獲十
之五六，似不可不進而求諸身法。蓋身法為斯道之中
權關鍵，須與手足之動作靈通一氣，進退有方，趨避
得機，起落（即長馬、短馬之謂）如勢，變化疾速，
矯捷敏快。如是而後法術完備，應用得力。

　　吾宗之身法等，詳述於龍、虎、豹、蛇、鶴各拳
勢中。學者精練而深求之，自當有得，故不贅及。

　　茲將南北各派所通行者，記之於下，亦博學多識
之意云爾。

第一節　進退法

　　身之進退，其機其勢，千差萬別，爭於黍米秒忽

之間。有一步進，有縱躍尋丈之進。其退也如之。又
有左進右進，與左退右退之別；或陽退而陰進，虛進
而實退；或以進為退，以退為進；以及猛進猛退之
方、長馬進與短馬進之法。

　　種種法規，不可以一端盡，要在學者取機乘勢，
自由進退可也。（圖6-1～圖6-3）

圖6-1

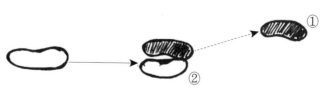

圖6-1附

圖6-2

圖6-3

圖6-3附

　　吾宗之尋常進法，必用短馬，緊取側勢。蓋以不
進則不能逼，不能逼則兩臂之力，難於擊中要害，且
易於躲讓，使力不能十分充足，此為最有關係者也。
退則多因不克得手，故退一步而再乘機進也。

今將尋常進退法歌訣，記如下（此乃川、黔中同道友人之傳語也，亦為後學所當注意之事）：

進步捷如風，失機退宜快。

乘勢側鋒入，身稍向前邁(身之上段微向前撲)。

掌實即須吐，發聲使驚怪。

變化如蛟龍，遲速分勝敗。

又，身未退而胸向裡折，則為吞（如敵以拳或掌或物器等平胸刺擊而來，倘其物短則身稍折，而敵之物即落空。再乘機攔格，或取側勢以進）。此為吞身法，用之甚多，須精練之。（圖6-4～圖6-8）

圖6-4

圖6-5

圖6-6

圖6-7

圖6-8

以單掌或雙掌推擊則為吐，取其力從腋裡肩窩吐
出故也。（圖6-9、圖6-10）

圖6-9　　　　　圖6-10

鐵齋曰：「人當正面而立，如敵以拳與器平胸陡至，則右足稍退一步，即成側勢，再用左手格避；而右足前進一步，即取擊勢。唯一退步時，手既起而身變作半馬。此亦身法之一端，在速快耳。」（圖6-11～圖6-13）

圖6-11

圖6-12

圖6-13

又曰：「前所謂右足前進一步，即取擊勢者，乃
泥守規則之語。究之進右足，實不如進左足之為迅
速。且較進右足尤為得勢。」云云。（圖6-14、圖
6-15）

圖6-14

圖6-15

鐵齋為少林派之鉅子，前清康熙時，隱居潮州，以授徒自給，其及門受業者，以數百計，少林家法，賴以不墜。每於尋常一進退之微，皆必求其精到無弊而後已。由是觀之，斯道又豈粗心人所能登堂入室者乎。（圖6-16）

圖6-16　鐵齋在潮州授徒自給

121

第二節　左右趨避法

　　進退乃取勢之方，趨避為乘機之地。兵法所謂避虛擊實、聲東擊西等語，無一不與此道息息相通。不過彼為群與群鬥，此為個人與個人鬥而已。無論如何技精力足，總不能不有所趨避，因有所避而後有所趨，此為一定之理。

　　趨左則避右，聲東則擊西，隨敵之動以為方，觀敵之機以為用，明於術而不拘於術，擊其要而不見其跡，此真所謂變化無方，心手兩忘，神而明之，存乎其人者也。（圖6-17～圖6-21）

圖6-17

圖6-18

圖6-19

圖6-20

圖6-21

茲將趨避歌訣，記之如下：

趨避須眼快，左右見機行。

趨從避中取，實自虛處生。

山重身難壓（方語所謂泰山雖重，其如壓不著我
何？即避讓之意也），隙開進莫停。

勢猛君休懼，四兩撥千斤。

至平日練習之法，以精熟吾宗拳技，則馬穩而身
靈，到時自能左右逢源也。

身法總以轉側靈巧、進退闔闢（即左右避讓是
也）穩靜、起落（即馬步起落是也）得勢，為名家衣
缽。至於變化莫測，出人所不能防、不能制者，是乃
在乎苦心獨造之士，不可以常法繩之也。

第七章
拳法歷史與真傳

　　此乃依尋常世俗之通稱，故名之為拳法；其實各名家巨手，少有用拳者，況以吾少林為南派之開山祖乎！試觀吾少林所練習之手勢，百七十餘手，用拳者不得十分之一。即用拳矣，亦不過握如虎爪，從未有五指齊握之平拳也。蓋以平拳而出，乃見笑於方家之事。即以實用而言，平拳之制勝，力分而不能中要害，又何濟於實用乎？

　　茲將吾宗之拳法，敘之如下。

第一節　五拳之發源

　　少林手技，以五拳為上乘至精至神之術。非於此道有所悟入，或功夫欠缺，氣力未純者，皆不輕易傳授。顧非吝惜隱秘，因此中三昧，不易通曉，即朝夕從事於斯，若不悟其用精用力之微，亦不過襲其皮

毛，終無是處。此「柔術」學之所以非易也。

　　五拳之法，人多以傳自梁時之達摩禪師。其實達摩師由北南來時，居於此寺，見徒從日眾，類皆精神萎靡，筋肉衰憊，每一說法入座，則徒眾即有昏鈍不振者。於是達摩師乃訓示徒眾曰：「佛法雖外乎軀殼，然不瞭解此性，終不能先令靈魂與軀殼相離。是欲見性，必先強身，蓋軀殼強而後靈魂易悟也。果皆如諸生之志靡神昏，一入蒲團，睡魔即侵，則明性之功，俟諸何日？吾今為諸生先立一強身術，每日晨光熹微，同起而習之，必當日進而有功也。」於是，乃為徒眾示一練習法，其前後左右，共不過十八手而已。（圖7-1、圖7-2）

達摩師由北南來時，居於此寺，見徒從日眾，類皆精神萎靡，筋肉衰憊，每一說法入座，則徒眾即有昏鈍不振者。

圖7-1

達摩師乃訓示徒眾曰：「佛法雖外乎軀殼，然不了解此性，終不能先令靈魂與軀殼相離。是欲見性，必先強身，蓋軀殼強而後靈魂易悟也。果皆如諸生之志靡神昏，一入蒲團，睡魔即侵，則明性之功，俟諸何日？吾今為諸生先立一強身術，每日晨光熹微，同起而習之，必當日進而功也。」於是乃為徒眾示一練習法，其前後左右，共不過十八手而已。

圖7-2

圖7-3　　　　　　圖7-4　　　　　　圖7-5

今詳述如下。

先排步直立，呼濁吸清，掙腰鼓肘（此乃足肘），凝神聽氣，正體努目。此為入手之內功。（圖7-3）

一、朝天直舉

解曰：

即以手朝上伸舉，氣貫三焦，左上則右下，兩掌須平，掌心相印，名為朝天踏地。此為二手。（圖7-4～圖7-6）

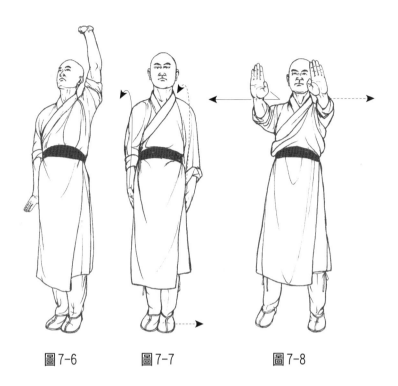

圖7-6　　　　圖7-7　　　　　圖7-8

二、排山運掌

解曰：

上勢演畢，即將足排開（一尺餘距離），用柳葉掌向前推排，左、右、前、後，次第推運，仍須力貫掌心，氣發丹田，有猛虎推山之勢。此為四手。（圖7-7～圖7-11）

按：此與岳武穆之雙推手法，甚覺相類，不過岳系雙掌齊出，此係單掌，前推後應，微略異耳。

圖 7-9

圖 7-10

圖 7-11

圖 7-11附

三、黑虎伸腰

解曰：

前勢畢，收足正立，再開短馬，兩手仍作掌勢。左右分推，由短馬變為高馬（先低後高），必須以腰用力，兩掌齊出，且伸滿時兩掌心與後足心更須相印。如是左、右、前、後，起落伸推，久則腰膝堅強，收功甚速。此為四手。（圖7-12～圖7-20）

圖7-12

圖7-13

圖7-14　　　　　　　　圖7-15

圖7-16　　　　圖7-17　　　　圖7-18

圖7-19

圖7-19附

圖7-20

圖7-20附

四、雁翼舒展

解曰：

伸推畢，收馬排足，略事休息。於是再吸氣一口，下貫丹田，用手緊貼腿部，運腋力由下漸起，以平肩為度，如舒雁翼。且兩手起落時，足根隨起，落則隨落，腰須硬實，足尖得力；兩手起時，隱覺氣貫胸開，肱漲指熱，方為得益。此為一手。（圖 7-21～圖 7-23）

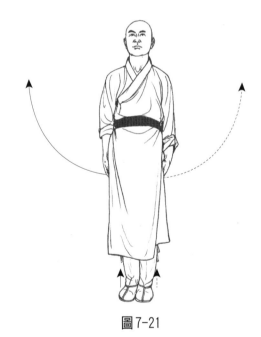

圖 7-21

圖7-22　　　　　　　　　　圖7-23

五、揖肘鈎胸

解曰：

此手先排正兩足，再以右足
或左足踏進一步，以陽掌平排揖
下，至膝為止（先曲掌，而至膝
則變為平掌）。收轉時，以掌漸
次作鈎曲勢，緊貼至胸，腰稍向
後翻，使氣注丹田，力鼓兩肘
拐。（圖7-24～圖7-29）

圖7-24

圖 7-25

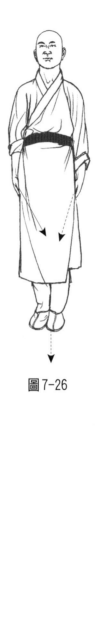

圖 7-26

圖 7-27

圖 7-28

圖 7-29

但揖下時，身須低伏，後足跟不可離地，此為氣功之手。河南、西江兩派，及川、黔、湘、楚等處之拳技家，多依此練習，亦少林宗法之衣缽也。此為一手。

六、挽弓開膈

解曰：

此與世俗所傳之八段錦中「左右開弓如射雕」正復相類。其不同者，在此係短馬，彼係正立，其效遂相去甚遠。如練習時，可依騎乘射球之勢，腰須後翻，一字地盆，即為合法。此為一手。（圖7-30、圖7-31）

圖7-30

圖7-31

七、金豹露爪

解曰：

上均掌勢，此乃變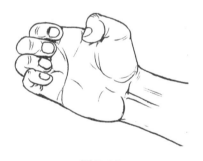
為豹拳勢也（豹拳勢，
指之前、中二節作鈎勒
形，大節與掌背平齊，
拇指亦作曲形緊貼掌邊）。（圖7-32）

圖7-32

練時如左手攔護，則用右手作豹爪拳，盡力衝
出。兩手循環練習，必須開聲吐氣（拳吐出之時，必
須與拳力相應），兩足仍作半馬，用力與前無異（即
腋力是也）。此為一手。（圖7-33～圖7-36）

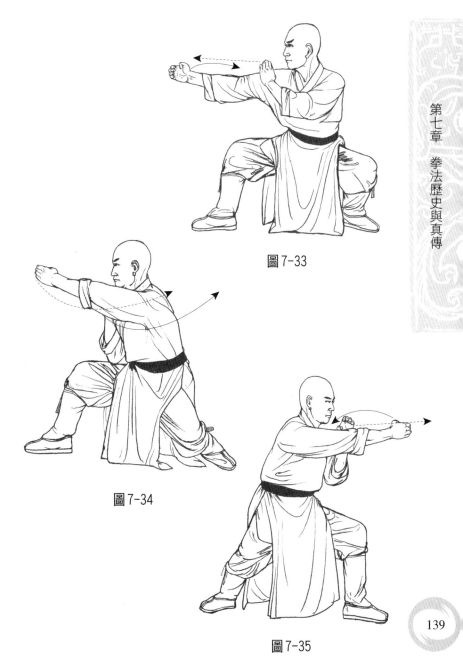

圖7-33

圖7-34

圖7-35

圖 7-36

八、腿力跌盪

解曰：

前皆用手，此乃用
足，其法有四。

1. 足尖直踢

此踢足須稍低，高
則無力而有病。（圖
7-37～圖 7-39）

圖 7-37

圖7-38

圖7-39

2. 橫腿掃擊

此出橫腿，其勢如掃，身須取側，收腿宜速而穩。（圖7-40、圖7-41）

圖7-40

圖7-41

3.長腿高舉

此腿法頗不可輕率施用。因此舉起甚高，身法之虛空，在在堪虞。若遇名家，易為人制。須練習精到，出落如風，始可免意外也。演時左、右、前、後習之，必須力貫足尖為要。（圖7-42、圖7-43）

圖7-42

圖7-43

圖 7-44

4. 鈎腿盤旋

此法腳尖由外向內鈎盤，練時兩足如畫大圓圈，身法仍以半馬為宜。（圖7-44）

以上亦四法，合之以前成十八法，又名「十八羅漢手」。

此達摩師之開宗手也，在當時不過為強筋壯骨之用。至達摩師圓寂後，徒眾星散，幾絕衣缽。

數百年後，乃有覺遠上人，以嚴州某名公子，因事而剃度於此，性豪邁，素嫻技擊及劍術，得此而變化增益之，共為七十二手。即上段五勢之各前十五手（三手重）是也。化散勢而為整勢，且參互錯綜於其

圖7-45　覺遠上人

間，以盡其法之體與用，亦吾宗之馬鳴龍樹也。自是
之後，人頗精於練習，少林之名遂漸著，俗士名人，
亦有遠道來學者。上人知此術不足以稱絕技，乃謝絕
生徒，改俗裝，挾資遊西北、川、楚、滇、蜀各地，
欲求精於此者而師焉。（圖7-45）

　　上人云：

　　至蘭州（陝之蘭州），遇一叟，年六十餘矣，以
小販為生活。上人寓旅舍，一日見該叟自肆中購油醬
歸，道過鬧市人叢中，偶不慎，其物汙某暴客衣。客

暴客掌擊老叟，三擊不中。

圖7-46

大怒，即出其巨臂作掌頰勢，三擊皆不中。（圖
7-46）

　　叟謝罪益恭。暴客愈怒，再舉其腿踢之，叟乃大
呼曰：「汙衣吾知罪，然非一擊可了，若不念吾年
老，必死於貴客拳腿之下，望恕之恕之。」且急避於
市旁牆陰下，手作揖勢謝罪。暴客怒仍未已，踏步趨
踢之。斯時市人皆為該叟危，而吾尤抱不平，以為此
細事，且彼白髮叟，何能經此客一擊，不死則殘廢無

暴客腿擊，老叟側身讓，擊力太猛，牆土紛紛裂墜。

圖7-47

用耳。正欲急出手解救。不料該叟見暴客不可理喻，欺人百步，乃靜立牆陰俟之。該客先趨至，首起一腳，叟側身讓，擊力太猛，牆土紛紛裂墜。（圖7-47）

　　暴客再踢，叟再讓。至三踢，則該叟身微側下，以左手輕挑，右手駢兩指在暴客之足背處敲擊一下。視暴客已跌地不能動，且唇青面白，若痛不可忍者。

少林拳術秘訣

叟右手駢兩指在暴客之足背處敲擊一下，暴客痛不可忍。

圖7-48

（圖7-48）

　　旋經人解散扶去。於是，市人同驚老叟有拳術，而吾為尤異之，因尾老者行。至市後盡處，有小屋數間，老者歸而歎息，頗露不安之狀。吾乃不嫌唐突，叩門訪之，相見通姓名。（圖7-49）

　　始知叟李姓，先本中州人，數十年前，遷於蘭州。子一人習木工，並言俄頃該暴徒之無禮，言下歎息，若有深憂。吾曰：「以叟之絕技，一暴徒不足慮

覺遠上人上前相見，互通姓名，始知叟李姓，叟曰老友白玉峰是也（白氏，山西太原人），此乃近世技擊家之泰斗，大河南北，莫與倫比，吾乃小巫之見大巫。客取洛陽，以授徒自給，君可訪之。倘渠肯相就，少林當樹一絕技！

圖7-49

也。」叟搖首曰：「此人乃江湖惡痞，吾不幸而遇，此刻雖無事，終必不能休息，使吾年在少壯，吾亦不畏，今力衰，又寄居客旅，與君無異，恐朝夕遭暗算也。」吾乃乘機進曰：「叟能從吾作汗漫遊乎？」叟曰：「偶爾相逢，何能以此累人！吾尚有子，形影莫離，合之足下為三人，長途殊不易也。」吾乃實告以吾之此行，係訪求此道高明之士，並少林之宗派。

覺遠乃強叟行，其子亦相隨，至洛陽，見白氏，軀幹不大，而精銳之氣逼人；年五十餘，壯健非常。

圖7-50

叟聞吾言，歎息答曰：「吾實淺學，君既不棄，吾可為君紹介一人，即吾之老友白玉峰是也（白氏山西太原人），此乃近世技擊家之泰斗，大河南北，莫與倫比，吾乃小巫之見大巫耳。客居洛陽，以授徒自給，君可訪之。倘渠肯相就，少林當樹一絕技！」

　　吾乃強叟行，其子亦相隨，至洛陽，見白氏，軀幹不大，而精銳之氣逼人；年五十餘，壯健非常。叟為紹介，同居洛之同福禪寺。朝夕求教，傾心請益。（圖7-50、圖7-51）

叟為紹介，同居洛之同福禪寺，朝夕求教，傾心請益。

圖7-51

叟與白氏感上人之誠，遂同歸少林。未幾，白氏竟自願剃度。因白氏妻早喪，無子，僅伶仃一人故也。叟子旋亦皈依禪林，改號澄慧。唯叟在寺尚十餘年，未曾剃度云。少林自得白氏與李叟，技術一變，融合舊時宗法，而創增為百七十餘手，內外交練，遂成少林派中之神妙絕技。皆覺遠上人一人之功也（聞此係金元時事）。（圖7-52）

白氏之技，氣功最精，且長劍術。家初裕，以酷嗜此道，凡過客之以一技半長進者，無不養之。久則

叟與白氏感上人之
誠，遂同歸少林。
未幾，白氏竟自願
剃度。因白氏妻早
喪，無子，僅傔仃
一人故也。叟子旋
亦皈依禪林，改號
澄慧。唯叟在寺尚
十餘年，未曾剃度
云少林自得白氏與
李叟，技術一變，
融合舊時宗法，而
創增為百七十餘
手，內外交練，遂
成少年派中之神妙
絕技。

圖7-52

家為中落。氏更傾產攜資遊四方，技日進，至無以存
活，乃授徒自給。自歸少林，益勤修猛進，取舊法而

白氏之技，氣功最精，且長劍術。

圖7-53

融會貫通之，並增加為百七十餘手，分名之為龍、虎、豹、蛇、鶴五勢。而斯道乃集大成。此白氏之功，為不可滅也。（圖7-53）

　　李叟少年時，聞以擒拿著名。後商販於蘭，不肯以技顯，平生喜練大、小洪拳（大、小洪拳創自北派，凡陝、洛、川、楚等處多宗法之。其拳勢手法頗

李叟以掌法駢指為專門絕技，並精棍擊。

後少林有棍擊一術，即為叟所傳。

圖7-54

花妙，虛演可玩，唯於實功不甚得力，而江湖賣技者
流，尤喜學之），故身法甚靈捷，以掌法駢指為專門
絕技，並精棍擊。（圖7-54）

後少林有棍擊一術，即為叟所傳。其棍共只七法。

1. 點。（圖7-55）

點

圖7-55

2. 撥。（圖7-56）

撥

圖7-56

3. 掃。（圖7-57、圖7-58）

圖7-57　掃

圖7-58

4. 撬。（圖7-59）

撬

圖7-59

5. 壓。（圖7-60）

壓

圖7-60

6. 坐。（圖7-61）

圖7-61　坐

7. 退躍。（圖7-62～圖7-64）

圖7-62　退躍

圖7-63　過渡

圖7-64

其法甚精，惜近世竟少傳人，殊可慨矣！

按：李氏之棍，係單頭勢。練習時，棍顛斜豎，兩手擒棍之末端，相距尺餘，以棍左右向上畫繞，棍尖作圓圈勢，以手之虎口（即拇指上縫中是也）用力。此勢熟，再開馬，隨棍之轉側，而身法出焉。倘能於拳勢中熟練，則易於致力，否則頗難入門也。（圖7-65）

圖7-65　以棍左右向上畫繞，棍尖作圓圈勢

第二節　五拳之精意

少林技術，自白氏來而宗法一變，初本為強身之練習，繼乃成技擊之絕學。推其淵源，白氏實集其大

成。白氏曰：「人之一身，精、力、氣、骨、神五者，必須交修互練，始可臻上乘神化之境。否則江湖之野技，其不足留法傳世也必矣。」以是創此五勢，內外並修，而技乃神。

今述其秘傳之拳法精意如下。

一、龍拳練神

解曰：

練時周身無須用力，暗聽氣注丹田，遍體活潑，兩臂沉靜，五心相印（即手心、足心與中心是也），如神龍遊空，夭矯不測。（圖7-66～圖7-96）

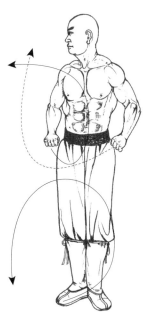

圖7-66　龍拳起勢

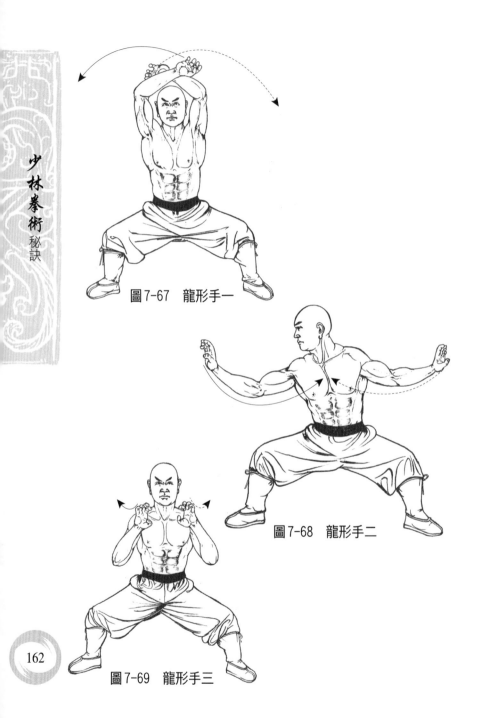

圖7-67　龍形手一

圖7-68　龍形手二

圖7-69　龍形手三

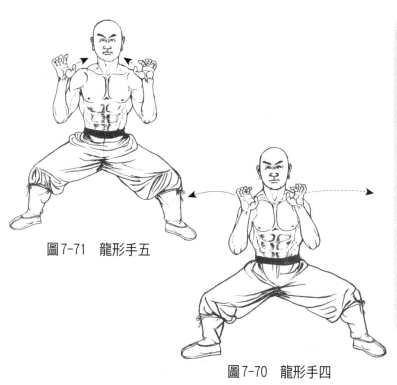

圖7-71　龍形手五

圖7-70　龍形手四

圖7-72　龍形手六

圖7-73　龍形手七

圖7-74　龍湧手一

圖7-75　龍湧手二

圖7-76　龍湧手三

圖7-77　飛龍回頭

圖7-78　盤龍手一

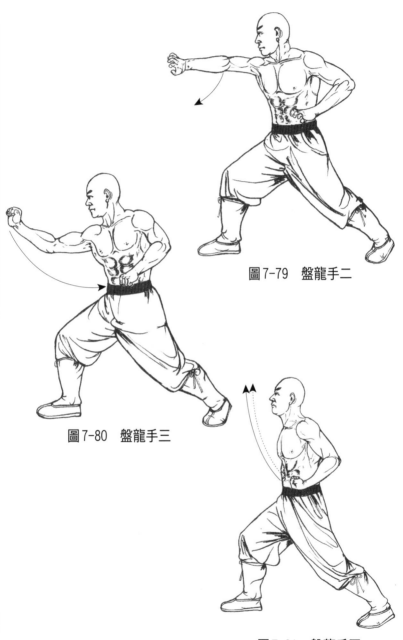

圖7-79　盤龍手二

圖7-80　盤龍手三

圖7-81　盤龍手四

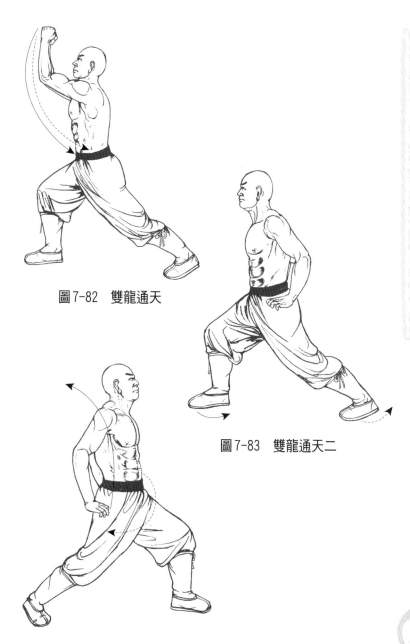

圖7-82　雙龍通天

圖7-83　雙龍通天二

圖7-84　烏龍掉尾右勢一

少林拳術
秘訣

圖7-85　烏龍掉尾右勢二

圖7-86　烏龍掉尾右勢三

圖7-87　烏龍掉尾右勢四

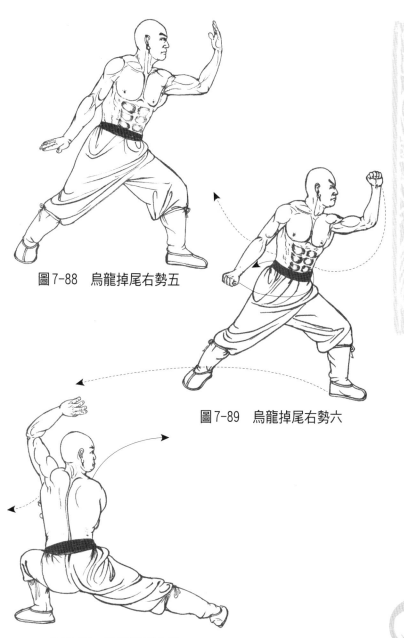

圖7-88 烏龍掉尾右勢五

圖7-89 烏龍掉尾右勢六

圖7-90 烏龍掉尾左勢一

圖7-91　烏龍掉尾左勢二

圖7-92　烏龍掉尾左勢三

圖7-93　烏龍掉尾左勢四

圖7-94　烏龍掉尾左勢五

圖7-95　龍拳收勢

圖7-96　收勢

二、虎拳練骨

解曰：

練時須鼓實全身之氣，臂堅腰實，腋力充沛，一氣整貫，始終不懈，起落有勢，努目強項，有怒虎出林、兩爪排山之勢。（圖7-97～圖7-134）

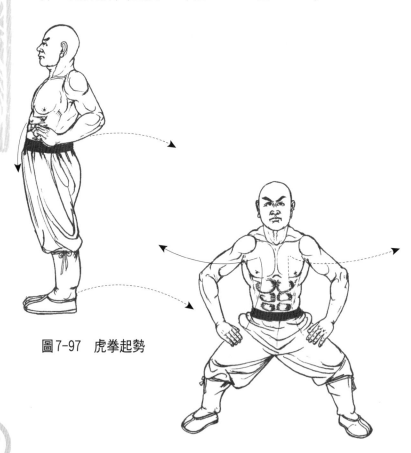

圖7-97　虎拳起勢

圖7-98　黑虎落地生根勢一

圖7-99　黑虎落地生根勢二

圖7-100　黑虎落地生根勢三

圖7-101　黑虎落地生根勢四

圖7-102　黑虎落地生根勢五　　　圖7-103　黑虎落地生根勢六

圖7-104　黑虎落地生根勢七　　　圖7-105　黑虎落地生根勢八

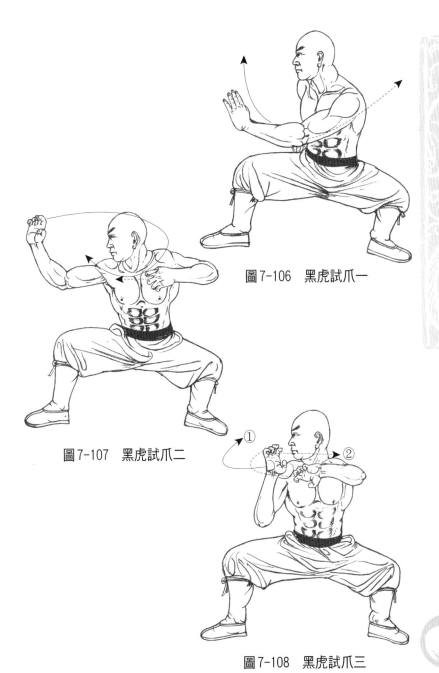

圖7-106　黑虎試爪一

圖7-107　黑虎試爪二

圖7-108　黑虎試爪三

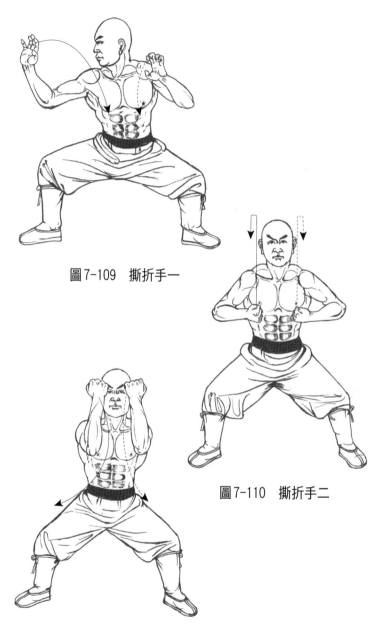

圖7-109　撕折手一

圖7-110　撕折手二

圖7-111　撕折手三

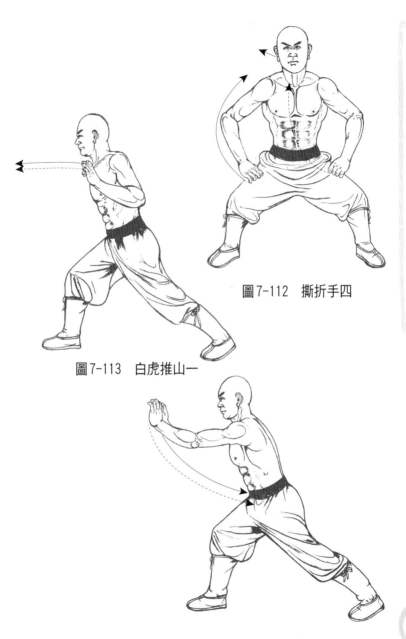

圖7-112 撕折手四

圖7-113 白虎推山一

圖7-114 白虎推山二

圖7-115　白虎推山三

圖7-116　子午黑虎膀一

圖7-117　子午黑虎膀二

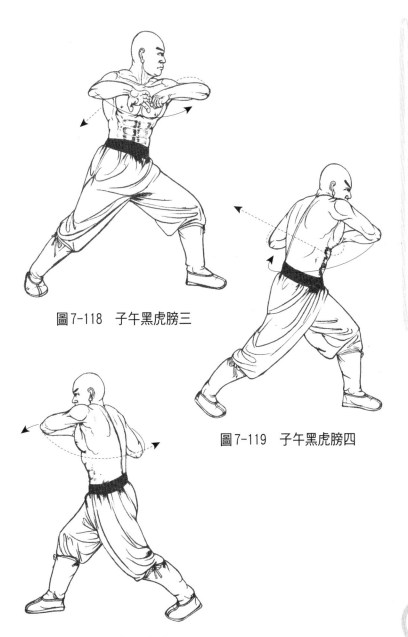

圖7-118　子午黑虎膀三

圖7-119　子午黑虎膀四

圖7-120　子午黑虎膀五

圖7-121　子午黑虎膀六

圖7-122　黑虎坐洞

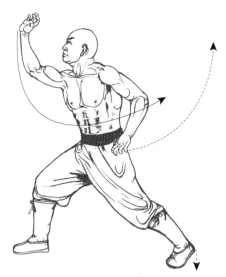

圖7-123　猛虎獻爪一

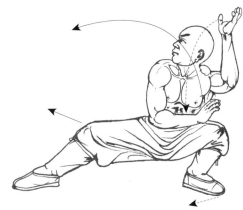

圖7-124　猛虎獻爪二

圖7-125　猛虎獻爪三

圖7-126　猛虎獻爪四

圖7-127　天踏手一

圖7-128　天踏手二

圖7-129　白虎獻爪一

圖7-130 白虎獻爪二

圖7-131 白虎獻爪三

圖7-132 猛虎直拳一

圖7-133　猛虎直拳二

圖7-134　虎拳收勢

三、豹拳練力

解曰：

豹之威不及虎，而力則較虎為巨。蓋以豹喜跳躍，腰腎不若虎之弱也。練時必須短馬起落，全身鼓力，兩拳緊握，五指如鈎銅屈鐵。故豹勢多握拳，又名金豹拳。（圖7-135～圖7-164）

圖7-135　豹拳起勢

圖7-136　金豹手一

圖7-137　金豹手二

圖7-138　金豹手三

圖7-139　金豹三通炮一

圖7-140　金豹三通炮二

圖7-141　金豹三通炮三

圖7-142　金豹臥山一

圖7-143　金豹臥山二

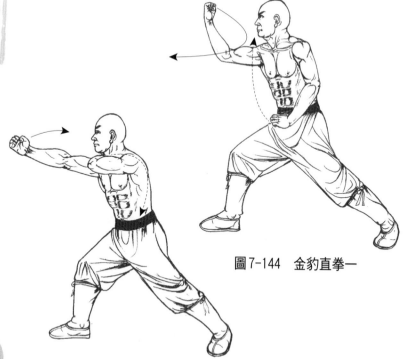

圖7-144　金豹直拳一

圖7-145　金豹直拳二

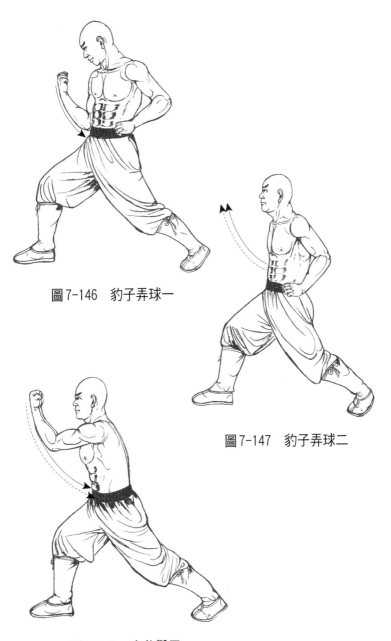

圖7-146　豹子弄球一

圖7-147　豹子弄球二

圖7-146　金豹舉天一

圖7-149　金豹舉天二

圖7-150　金豹手一

圖7-151　金豹手二

圖7-152　金豹手三

圖7-153　金豹三通炮一

圖7-154　金豹三通炮二

圖7-155　金豹三通炮三

圖7-156　金豹臥山一

圖7-157　金豹臥山二

圖7-158　金豹直拳一

圖7-159　金豹直拳二

圖7-160　豹子弄球一

圖7-161　豹子弄球二　　　圖7-162　豹子舉天一

圖7-163　豹子舉天二　　　圖7-164　豹舉收勢

四、蛇拳練氣

解曰：

氣之吞吐抑揚，以沉靜柔實為主。如蛇之氣，節節靈通，其未著物也，若甚無力者；一與物遇，則氣之收斂，勝於勇夫。有經驗者自能知也。練氣柔身而出，臂活腰靈，駢兩指而推按起落，若蛇之有兩舌，且遊蕩曲折，有行乎不得不行、止乎不得不止之意。所謂「百煉之鋼，成繞指之柔」即為此寫照也。（圖7-165～圖7-204）

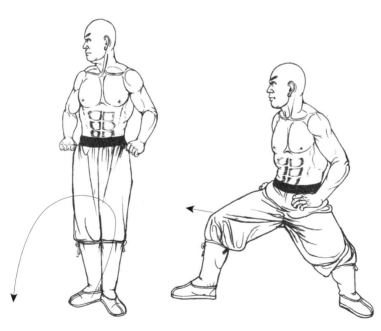

圖7-165　蛇拳起勢　　　　圖7-166　右手蛇形一

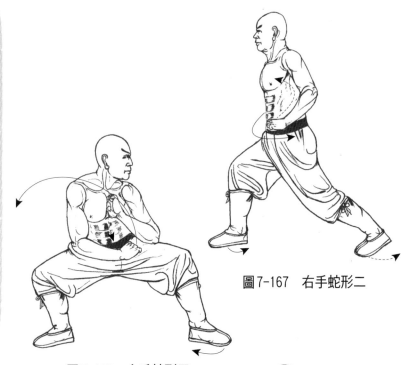

圖7-167　右手蛇形二

圖7-168　右手蛇形三

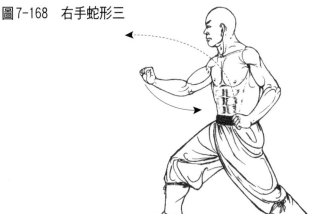

圖7-169　毒蛇掃林一

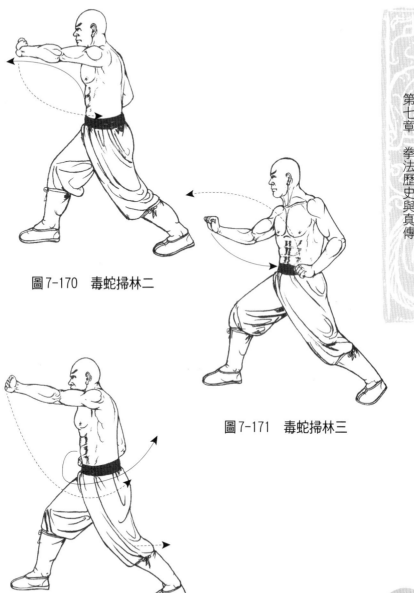

圖7-170　毒蛇掃林二

圖7-171　毒蛇掃林三

圖7-172　毒蛇掃林四

圖7-173　猛蛇出穴一

圖7-174　猛蛇出穴二

圖7-175　猛蛇出穴三

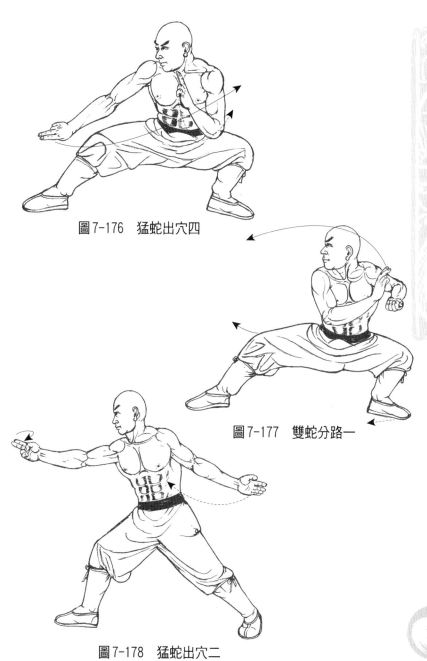

圖7-176 猛蛇出穴四

圖7-177 雙蛇分路一

圖7-178 猛蛇出穴二

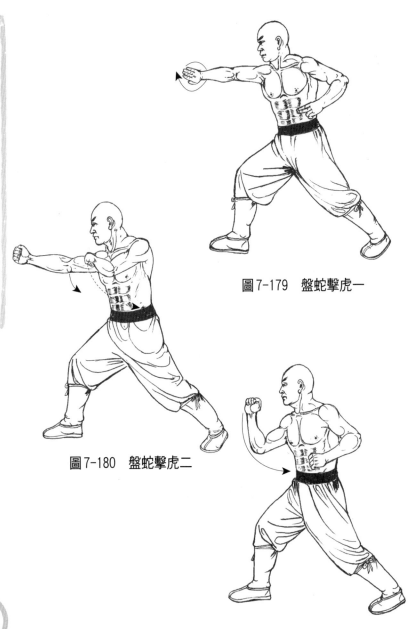

圖7-179 盤蛇擊虎一

圖7-180 盤蛇擊虎二

圖7-181 盤蛇擊虎三

圖7-182 盤蛇擊虎四

圖7-183 雙蛇通天一

圖7-184 雙蛇通天二

圖7-185　左手蛇形一

圖7-186　左手蛇形二

圖7-187　左手蛇形三

少林拳術
秘訣

202

圖7-188　毒蛇掃林一

圖7-189　毒蛇掃林二

圖7-190　毒蛇掃林三

圖7-191　毒蛇掃林四

圖7-192　猛蛇出穴一

圖7-193　猛蛇出穴二

圖7-194　猛蛇出穴三

圖7-195　猛蛇出穴四

圖7-196　雙蛇分路一

圖7-197　雙蛇分路二

圖7-198　盤蛇擊虎一

圖7-199　盤蛇擊虎二

圖7-200　盤蛇擊虎三

圖7-201　盤蛇擊虎四

圖7-202　雙蛇通天一

圖7-203　雙蛇通天二　　　　圖7-204　雙蛇拳收勢

五、鶴拳練精

解曰：

此拳以緩急適中為得宜，蓋以鶴之精在足，鶴之神在靜，學者法此。故練習時，須凝精鑄神，舒臂運氣。所謂神閑志暇，心手相忘，獨立華表，壁懸千仞。學者瞑心孤往，久練精熟時，自能於言外得之，非倉猝所能領悟也。（圖7-205～圖7-254）

能於此五拳習之既精，則身堅氣壯，手靈足穩，眼銳膽實。倘與人搏，出其一指半足之功，便可壓倒群流。如至乎神化之境，則其效更有不可言者矣。在學者苦心孤詣求之，幸勿視為小道，而棄之於半途也。棄則與不學等耳！

圖7-205　鶴拳起勢

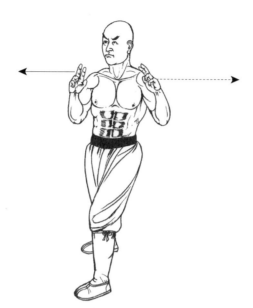

圖7-206　剪翼沖天一

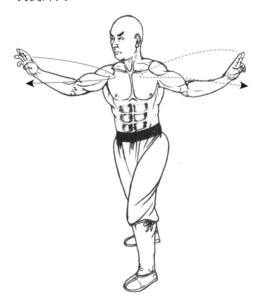

圖7-207　剪翼沖天二

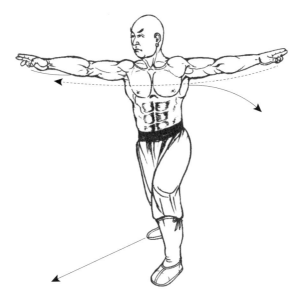

圖7-208　剪翼沖天三

圖7-209　剪翼沖天四

圖7-210　鶴膀手一

圖7-211　鶴膀手二

圖7-212　鶴嘴手一

圖7-213　鶴嘴手二

圖7-214　雄鶴展翅一

圖7-215　雄鶴展翅二

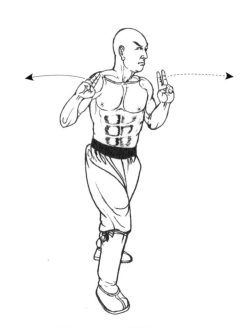

圖7-217　剪翼沖天一

圖7-216　雄鶴展翅三

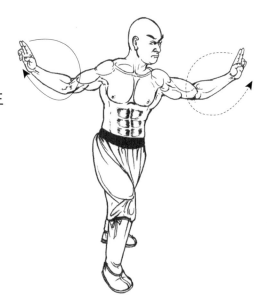

圖7-218　剪翼沖天二

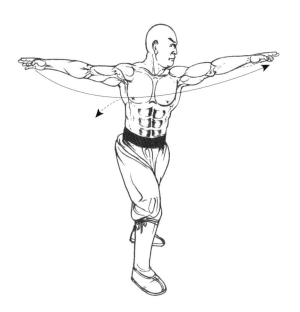

圖7-219　剪翼沖天三

圖7-220　剪翼沖天四

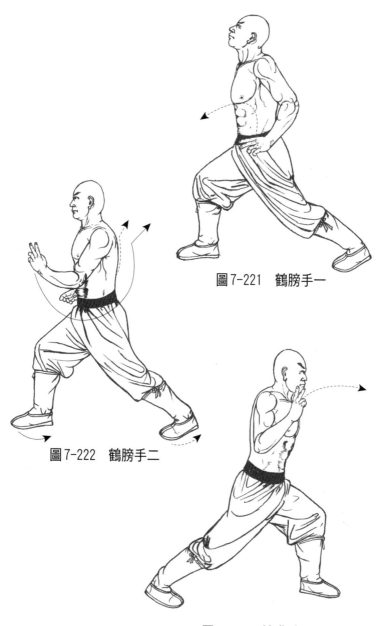

圖 7-221　鶴膀手一

圖 7-222　鶴膀手二

圖 7-223　鶴嘴手一

圖7-224　鶴嘴手二

圖7-225　雄鶴展翅一

圖7-226　雄鶴展翅二

圖7-227　雄鶴獨立一　　　圖7-228　雄鶴獨立二

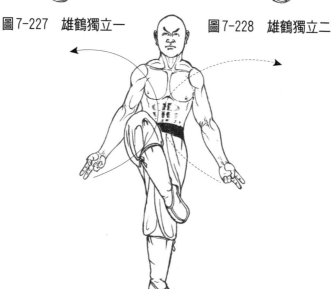

圖7-229　雄鶴獨立三

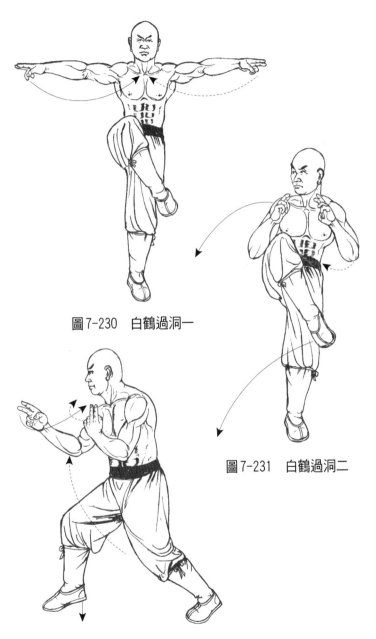

圖7-230　白鶴過洞一

圖7-231　白鶴過洞二

圖7-232　鶴形鶴嘴勢一

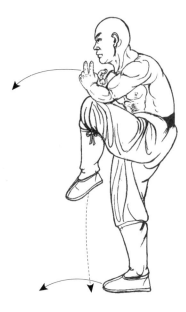

圖7-233　鶴形鶴嘴勢二　　　　圖7-234　鶴形鶴嘴勢三

圖7-235　鶴形大揉手一　　　　圖7-236　鶴形大揉手二

少林拳術

秘訣

220

圖7-237　鶴爪手一

圖7-238　鶴爪手二

圖7-239　鶴爪手三

圖7-240　雄鶴獨立一

圖7-241　雄鶴獨立二

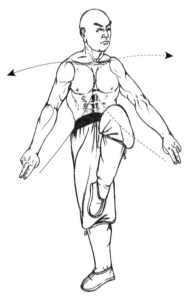

圖7-242　雄鶴獨立三

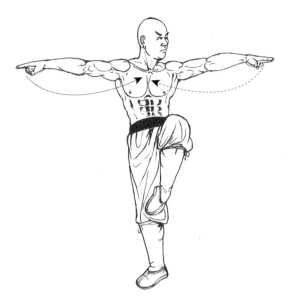

圖7-243　白鶴過洞一

圖7-244　白鶴過洞二　　　圖7-245　鶴形鶴嘴勢一

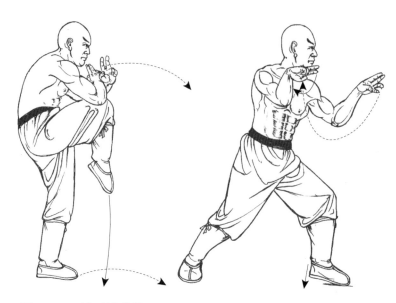

圖7-246　鶴形鶴嘴勢二　　圖7-247　鶴形鶴嘴勢三

圖7-248　鶴形大揉手一

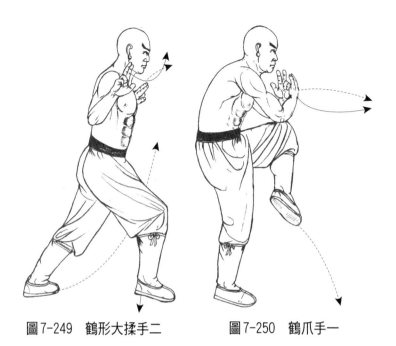

圖7-249　鶴形大揉手二　　　圖7-250　鶴爪手一

圖7-251　鶴爪手一

圖7-252　鶴爪手三

圖7-253　鶴爪手四

圖7-254　鶴拳收勢

第三節　附　述

一、用力暗訣

覺遠上人曰：力以柔而剛，氣以運而實。力從氣出，氣隱力顯。無氣則力自何來？俗家之力，其來也猛，而其著實也，多浮而鮮沉。名手之力，其來也若在有意無意之間，而其抵隙沾實而後，全力一吐，沉重若山，可以氣透膚理。此其故，由於俗家之力剛，名手之力柔；剛則虛浮，柔則沉實。習之既久，自能知曉。

蓋以一掌或一拳之打出，手一著力，則氣有三停：一停於肩穴，二停於拐肘，三停於掌根。如是而求力能貫透指巔或掌心難矣。至於柔運之力，則與此不同，一舉手則全身之力，奔赴於氣之所運。所謂意到氣隨，速於聲響，精確之功，學者可以悟矣。

二、地盆與樁步之別

吾弟晴皋問吾曰：「少林謂之地盆，他家則名之曰樁步，其用如何，有無同異？請稍為言明，使學者有所矜勢，而得用力之方。」

　　吾曰：「此事最易辨別，惜人不加察耳。地盆
者，短馬也；椿步者，半馬也。地盆為練習時之用，
椿步為臨敵時之用。

　　故地盆有一字、八字、正二字之別，椿步則有子
午、丁字、斜二字（又名長三勢）之分。子午之勢，
如長三形，而後足稍平（與丁之後足同）。丁字勢則
用之者少，以其略有不便也。以吾所見，子午椿法，
不唯南北無異，即陝、洛、川、楚等處，亦不能外
也。顧以足之立地形勢，只有此數，不能特創新奇
耳。」（圖 7-255 ～ 圖 7-257）

圖 7-255

圖 7-256

圖 7-257

三、眼法與聽力

「柔術」以眼為第一要著，故眼力鈍視之人，萬不能練習，以應敵易於受制也。諺語云：此道無他謬巧，在眼尖、手快、膽穩、步堅、力實五者而已。此雖為淺近之語，然於此五者，真能無所欠缺，則應敵亦切實受用不小。初學步者，宜先於此五者加之意也。

各家眼法，常有參差不齊之處。關中派謂與敵遇，宜先用眼光注其肩窩；洛派則謂先以眼視敵之胸膛；北派則謂敵之手尖或器物之端，須先凝注；川、黔、湘、楚等技家，則謂須以己之眼光注射敵之眼光。此等之法，俱各有精妙自得之處，不能妄評其優劣。總以融會諸家之長，而以銳利為最要。故少林之

法，高出於各家之上而不同者，在平素之內功耳。

（圖7-258～圖7-261）

圖7-258　關中派注視敵肩窩

圖7-259　洛派眼視敵胸膛

圖7-260　北派謂神敵手尖或器物之端

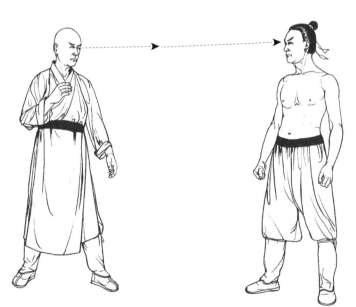

圖7-261　川、黔、湘、楚，注視敵眼光

　　內功為何？即解脫生死，心定神清，眼力到處，威如猛獅，銳若鷹猿，其妙境不可思議。至於注射之點，以敵之眼光為鵠。手尖物尖，不注自注。習之精熟，自能解悟，淺者不易知也。

　　聽法，乃防敵之扼背，或暗狙襲擊。能聽則倉猝有以避讓，不致夢夢受敵也。要之，聽法仍以禪功深者為易。禪定之人，聽及毫末。達摩師面壁九年，聽階下之蟻語，聲若牛鳴。到此境界，區區之聽功，渺爾微塵，不足道矣。

第八章
技擊術釋名

　　一技有一技之特別名稱，及其遺傳習慣之詞語。苟不詳為解釋，茫昧從事，顧名而不知其義，此亦見笑於方家者也。至其名稱之同異，有為少林之專稱者，有為各家所通稱者，雅俗各別，名詞互異。茲取其尋常通行者，略記如下。

　　其過於俚俗，如江湖賣技者之信口呼稱者，不取焉。

　　江湖賣技者流，稱拳向上沖，為「朝天一炷香」；兩手上下擺列，稱為「獅子大開口」；駢二指而出，則稱為「雙龍出洞」。如是等等，真難記其數，唯其太俗，故不取焉。

一、地　盆

　　少林之名稱，列於首方，至各派之稱，附之於

下，後即仿此。

　　通稱馬步，又稱「騎馬樁」。有八字馬、川字馬、一字馬之別。（圖8-1～圖8-3）

圖8-1

圖8-2

圖8-3

234

二、呼 吸

少林又名練息法。

北派稱「提氣」，湘、黔稱「提桶子勁」。（圖8-4）

三、指 法

1. 少林一指稱「金剛指」，通稱「金針指」。（圖8-5）

圖8-4　提氣　　　　　　圖8-5　金剛指

2.兩指稱「金剪
指」。（圖8-6）

3.三指稱「三陰
指」，又稱「鼎足
指」。（圖8-7）

4.四指齊出，稱
「金鏟指」。（圖
8-8）

圖8-6　金剪指

圖8-7　鼎足指，又名三陰指

圖8-8　金鏟指

四、掌 法

1. 五指緊排，稱
「柳葉掌」，又稱「般
禪掌」。（圖8-9）

2. 出掌時指尖向下
（即翻掌），稱「托葉
掌」。（圖8-10）

3. 五指曲鉤，稱
「虎爪掌」，又稱「金
豹掌」。（圖8-11）

圖8-9　般禪掌

圖8-10　托葉掌

圖8-11　虎爪掌

五、陽手陰手

1.陽手（即手掌朝上之勢）。（圖8-12）

2.陰手（即手背朝上之勢）。（圖8-13）

圖8-12　陽手　　　　　　　　圖8-13　陰手

六、牽緣手

牽緣手（又名「陰陽回環手」），剪手（又名「金叉手」），通稱「雙陽踏手」。（圖8-14～圖8-17）

圖8-14　牽緣手一　　　　　圖8-15　牽緣手二

圖8-16　牽緣手三　　　　　圖8-17　剪手

七、吞法吐法

馬不動而身稍折為「吞法」，手外推為「吐法」。（圖8-18～圖8-20）

八、灌拳點拳

手三指平握，食指大節銳出，稱「灌拳」。外四指平握，中指突出，稱「點拳」。（圖8-21、圖8-22）

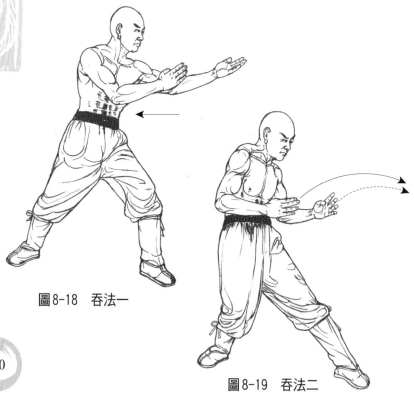

圖8-18　吞法一

圖8-19　吞法二

圖8-20　吐法

圖8-21　灌拳

圖8-22　點拳

241

九、踩洪門踩邊門

與人搏鬥，正中直進，稱「踩洪門」；左右取勢，稱「側鋒」，又稱「踩邊門」。（圖 8-23～圖 8-26）

邊門　　洪門　　邊門

圖 8-23

圖 8-24　踏洪門

圖8-25　踩邊門一

圖8-26　踩邊門二

十、英雄獨立

右足直立，左足曲而高起，兩手作鶴嘴勢，平膀合抱（相距五六寸），努目直視，稱「英雄獨立」。（圖8-27）

十一、烏龍擺尾

左手前照作攔勢，右手排掌向後一掃，稱「烏龍擺尾」。（圖8-28、圖8-29）

圖8-27　英雄獨立勢

十二、黑虎推山手

前足曲而後足直，步法大開，身朝前撲，兩手作虎爪掌前推，稱「黑虎推山手」。（圖8-30）

圖8-28

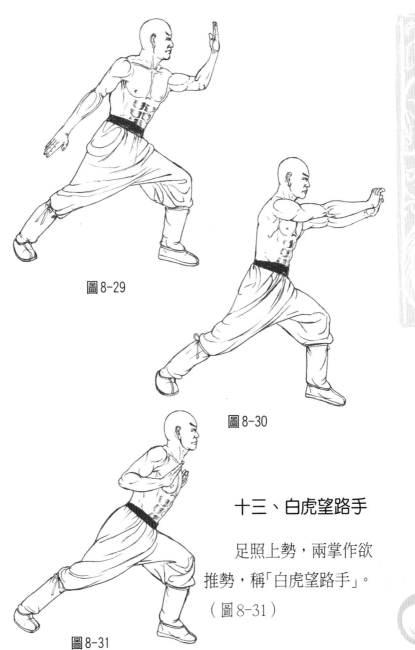

圖 8-29

圖 8-30

十三、白虎望路手

足照上勢，兩掌作欲

推勢，稱「白虎望路手」。

（圖 8-31）

245

圖 8-31

十四、白虎反沙手

矮馬，右足伸長，頭向前望，兩手朝後照抑，稱
「白虎反沙手」，又名「尋豹兒手」。（圖8-32）

圖8-32

十五、踩八卦

演拳時，踏東南、西北及東南、東北等方，為
「踩八卦」。（圖8-33～圖8-35）

十六、子午樁

半馬（即身稍蹬下，兩足分開，如長三勢），稱
「子午樁」。（圖8-36）

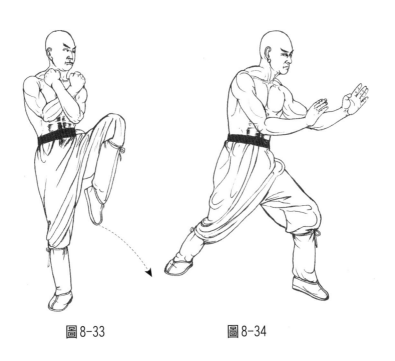

圖 8-33　　　　　　　　圖 8-34

西

南　　　北

東

圖 8-35

圖 8-36 子午樁

247

十七、灌 穴

擊肩窩之合縫凹處，稱「灌穴」。（圖8-37）

圖8-37

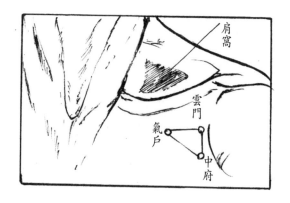

圖8-37附

十八、雙刀斬鼠法

用雙掌斫敵人之膀肉，稱「雙刀斬鼠法」。擊尺脈後之脈根，稱「斬龍手」。（圖8-38、圖8-39）

圖8-38

圖8-39

十九、踢　燈

　　擊敵人之腰腎穴，稱為「踢燈」（腎為命門之火，故名踢燈，以用足力故也）。（圖8-40～圖8-42）

圖8-40

圖 8-41

圖 8-42

二十、點金錢

擊兩太陽穴，稱「點金錢」。（圖8-43）

圖8-43

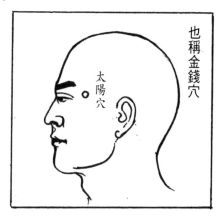

圖8-43附

二十一、倒樹法

動手即先用足
踏敵人之足尖，稱
「倒樹法」。（圖
8-44）

圖8-44

二十二、鐵帚手

以掌刷擊敵人
之眼目，稱「鐵帚
手」。（圖8-45）

圖8-45

二十三、換枕手

閃至敵後，拍擊或斫擊敵之腦後穴，稱「換枕手」。（圖8-46、圖8-47）

圖8-46

圖8-47

二十四、沉海手托陰手

擊敵之尾脊穴，稱曰「沉海手」。擊腎陰，稱曰
「托陰手」。（圖8-48、圖8-49）

圖8-48

圖8-49

二十五、照風手

灌擊敵人之耳
根，稱曰「照風
手」。（圖 8-50）

圖 8-50

二十六、踩八卦

踏丹田氣
海穴，稱曰
「踩八卦」。
（圖 8-51）

少林拳術
秘訣

256

圖 8-51

二十七、大撞碑手

胸膛直入，稱
曰「大撞碑手」。
（圖8-52）

圖8-52

二十八、破瓜手

擊人中，稱
「破瓜手」。（圖
8-53）

圖8-53

二十九、獨蛇尋穴手

插咽喉，稱「獨蛇尋穴手」。（圖8-54）

圖8-54

三十、貫膛手搗邊手

灌腋窩，稱曰「貫膛手」；擊肋下空處，稱「搗邊手」。（圖8-55、圖8-56）

以上不過略就尋常稱謂，稍為釋之。其餘一切微近俚俗者，則從略焉。

圖8-55

圖8-56

或有問於吾曰：「其中之名稱，有近於似者，固亦確有至理存焉。至如踏丹田氣海稱『踩八卦』，未免名不副實，此何意也？」

　　答曰：「以名實而論，其中不副者甚多，不僅此一端為然耳。但以個中人多用此稱謂，幾成習慣，所謂積習既久，不能免俗者此也。」

　　是編乃數十年前之舊抄本，其間魯魚亥豕，訛誤甚多。茲為改訂而略加潤色，亦以留當年之雪泥紀念焉爾。

第九章

禪宗之極軌

　　自古沉潛靜修之士，於一技一才之微，必猛勇精進，力求登其峰而造其極，決不肯自畫於半途，而以一知半解，見輕於名人鉅子。矧「柔術」之學，大則強筋壯氣，健神凝和，有長生視息之益；小則亦可防身護體、濟弱扶傾，獲一己安寧之福。又安得以小道末技視之乎？

　　自達摩禪師挈錫南來，創此良規，三六垂教，共同皈依，宋元以還，名師輩出。繼長增高，融舊鑄新，出神入化，遂成絕學。南北盡傳衣缽，薄海仰為宗師。斯道之盛，亦可謂風靡一時，聲流萬里者也。（圖9-1）

　　降及晚明，天不祚漢，寶鼎播遷，銅駝荊棘，故宮禾黍，天潢貴冑飄零嶺海，借逃禪為恢復之地，以寺剎作避難之場。於是有棲身少林，剃度皈依者。斯

時也，燕、晉雖淪為
異域，滇、黔猶保其
殘山；瓊崖之帝星未
墜，台、澎之正朔猶
存。故遺老皇宗，雖
身在塵埃，而志慨河
山。振精勵神、磨筋
煉骨，取少林之絕
技，朝夕勤修，沉心
孤往。求神通於宗法
形跡之外，悟解脫於
恐怖掛礙之中。了卻

圖9-1　達摩禪師

生死關頭，而後大雄、大辟、大無畏，證入涅槃世
界，始能無法、無我、無眾生。此禪宗之學，所以為
斯道之正眼法藏也。

　　吾釋十三宗，何以獨有取乎禪？蓋以禪宗尚靜
悟，貴解脫，以入定為功夫，以參證為法門。能於此
而有所悟入，而後性靜心空，脫離一切掛礙。無掛礙
斯無恐怖矣，無恐怖則神清，神清則氣足，氣足則應
變無方，隨機生巧。如是而後，明於法而不拘於法，
沉其心而不動其氣。斯道至此，始可告大成矣。

　　或有問曰：人生一大關頭，生死是也；人生一條

大道，證悟是也。禪宗乃求佛之寶筏，見性之慈航。明心證果，佛法正自無邊，又安得以技擊之末術，範圍此廣大之宗法乎？況佛法乃度世濟人之道，以慈悲為本，以救眾生為功。技擊之術，其用意全與此相背戾。今以此道開方便之法門，示「柔術」之極軌，未免墮眾生於泥犁，胎孽果於祀世耳。

故曰：凡事只可從本位上著想，始有湊泊之地。若以釋家慈悲救人之旨為繩墨，而謂技擊一術，專以強力凌人，制人死命之具，則不唯技擊不可學，且為釋氏之罪人矣。夫人自現身塵世以來，其最堪寶貴持護者有二：一靈魂，一軀殼。此二者乃出世入世之一大因原，不可畸為輕重者也。故靈魂乃軀殼之根，軀殼本靈魂之府，無軀殼何有靈魂？見靈魂終恃軀殼。雖色身寂滅，曇花泡影，然倘於未曾證果涅槃，明心見性之先，而即有物化光銷之劫。試問以何因原，而可超悟解脫於塵海之中，而不生不滅於萬世乎？《會元錄》曰：在大千世界之內，先求一個不壞之身，是軀殼有關係於靈魂，其密切重要如此。今不究其根原，反目為傷人害世之術，是以凡夫而測慧業，蟻子而談丘山，其與技擊本來之意，相差不已遠乎？

進一說以為解釋，則其理更易明瞭。如人能懷慈憫度世之心，臨事自能愛物；人能有靜悟解脫之觀，

處變方免紛亂。顧禪宗之於技擊，只見其有益之可言，而未見其損也。況際斯塵嶽欲海之世，人之溺沉醉夢於孽淵而不返者，已不知幾億、兆、京、垓。倘能藉不二之法門，由一指而入正覺，則一人之超度，而實勝於一日造萬八千塔也。能知此意，而後識技擊與禪宗之精微。否則肉眼凡夫，又何足以語此？是吾之所以求空山之足音，而竟渺渺無聞也。

上乘之技擊術，總以有幾分禪機，方能活潑鎮靜；所謂超乎寰中，得其象外也。松筠上人曰：「吾塵遊人間世，垂三十有餘年，所至之名都巨邑，以數十計，可謂廣矣！英俠技勇之士，超拳絕類之夫，自謂交遊幾遍天下矣。求其挾一技之長，以雄傲縱橫於世者，已指不勝屈矣。然能以解脫超悟，抉吾佛之奧窔，而皈依正覺者，真不啻鳳毛麟角也。」由是觀之，亦自有因緣存乎其間，不可多覯者也。（圖9-2）

圖9-2　松筠上人

第十章
南北派之師法

　　南北之區分，究以北地為勝。其中有關乎天時地理者，非人力所能為也。

　　蓋以燕、趙、齊、秦之郊，多豪俠奇絕之士。且北地苦寒，生於其間者，筋骨實較南方為強。而飲料食物之中，米與麥又大有懸殊。吾嘗周歷幽燕長城諸地，廣漠平原，一望無垠。每至秋冬之交，而南人之初至其境者，已有瑟縮蕭索之意。迄至北風怒號，寒飆裂骨，南人之不能撐支，更無論矣。北人則習慣成性，毫無畏縮，雖層冰盈丈，雪花如拳，而鞍馬縱橫，鞭影自豪。此北方人之筋骨，較諸南人為強健者，乃天演界中之生成的優勢，不可諱也。

　　益以北地最重鏢客，人之以此謀生活者，不可勝數。因其地綠林豪客，所在多有，其中盜首賊魁，亦常有挾奇技異能者，不可以尋常視之。而商賈之出於

其途，欲保持其財物者，勢不能不顧聘鏢客。此等鏢客，必須操極精之技術，而後可以保他人之財物，與自己之生命。此中精微，洵所謂真實本領，而絲毫不可假借。故凡欲以充當鏢客為生計者，平日秘密之練習，先求其普通，而後習其專門。總須擇性之所近，力之所能及者，朝夕以求之，必臻乎至精極熟之境，始可出而應鏢客之選。此蓋由於一生之生活關係，乃以技擊一道，為第二之生命。是以操術之精，有非南人所可幾及者，正以此也。

南方技擊之術，就尋常論之，似不及北地之多而且精。然有時挺然傑出，其操術之神，造詣之深，玄妙變化之奇，有非北人所能望其肩背者，此亦有故也。

北人筋骨之強，練習之深，得天然上之造就，自不必論矣。然北人雖以筋骨勝，而南人有時造詣所臻，直駕北人而上之。蓋南人以靈動神化勝者，其操術之精，有非人擬議所能及。自道咸以來，南方以技擊之術，騰聲於大江南北者，有三人焉。今述之如下。

第一節　李鏡源之技擊術

李鏡源，又號長鬚李，湖北省之夏口人。父業木

商，故家富於資。
少年入塾，於課餘
之暇，即好弄拳
棒。（圖10-1、圖
10-2）

李鏡源，又號長鬚李，
湖北省之夏口人。

圖10-1

李鏡源家富於資。
少年入塾，
於課餘之暇，
即好弄拳棒。

圖10-2

塾師每見而禁止之。李嗜之深，不能已，時年
已廿餘矣。旋隨母赴沔陽省舅氏，途中遇陝人高
某，言談甚洽。高乃陝之技擊最著者，相見恨晚。
（圖10-3）

高某，乃陝之技擊最著者。

圖10-3

高在沔本業煙商，旋由李邀至其家，朝夕傳授
之，未逾年而技大進。（圖10-4）

李總以操術未臻其極為憾，高遂告以陝之三原
某寺僧，為斯道聖手，唯不肯輕於授人，若誠懇以
求之，或可傳其衣缽。（圖10-5）

高在汙本業煙商，旋由李邀至其家，朝夕傳授之。

圖 10-4

陝之三原某寺僧，為斯道聖手。

圖 10-5

李聞之，乃束裝往訪，至其寺將匝月，跪地三日，僧始為之講授。（圖10-6、圖10-7）

圖10-6

李聞之，乃束裝往訪，至其寺將匝月，跪地三日，僧始收授。

僧給李鏡源講授武技。

圖10-7

今將其師法次第，記述如下。

僧曰：

佛門只有慈悲度世，未聞練習傷人之技術者。世俗動以技擊衛身為口頭禪，其實朝夕動躍間，總不能離卻襲擊他人之念。此念一起，即是意孽，意孽生而魔障叢集，是乃與佛氏悲智交修之旨，大相違背。

自達摩師之練身法門傳播以來，世俗動以禪地為拳腳之場，儼若空門中，必須於入定餘暇，用其力於此，不知此乃大謬之見。顧達摩師當日之創此宗法者，亦一時權宜之計，究不離乎靈魂軀殼交相修養，始克涅槃證果，悟徹真如。並非我佛門中，定有此一段初學鍛鍊身手之功。

今子遠道而來，專其心於此，其誠懇吾已知之。但惜不務三寶之皈依，只為身手之是重。我聞之儒書，楚項力敵萬夫，終屬血氣；仲尼朝聞夕死，是何意志？子既入寶山而問砥砆，我且藉幻影而指迷津。我聞如是，子其諦聽。

一、欲學技擊，先學不動心

人之一身，其主宰全在乎一心。心者，君也；手足者，臣民也。君有乾綱獨斷之明，而後臣民效指揮如意之勢，即儒家所謂「天君泰然，百體從令」者

圖10-8　靜坐，不動心

也。夫技擊之練習，無事之時，本極從容；倉猝應變，則氣息上浮，手忙腳亂。如是則雖平日技擊工深，終覺不能收效果於俄頃。

此技擊所以歸功於不動心。能到此地步，技擊始有超神入化之境。否則終屬野狐禪，縱能具有好身手，究非正法眼藏也。（圖10-8）

二、欲學技擊，先學數息

此本道家修養之術，而佛門初步時，亦有此法。蓋以世俗多鹵莽獷悍之夫，平日稍一動作，則氣往上浮，呼吸如抽，如是則其頭腦昏瞶，不唯耳目失觀聽之能，而手足亦必無所措。溯其受病之由，實因氣息

粗率所致，故技擊專家，必須使氣貫丹田，雖騰躍跳縱，猶能平其心氣，而後可以臨危應變，操必勝之機。可見氣息一功，至關肯要，不可以尋常視之也。

數息之功，即不動心之道。蓋心與氣本屬一體，古語所謂「氣靜則神恬，神恬則氣足」。技擊臻此境界，而後可稱上乘，可稱絕技，否則仍不過野道旁門，終難入於名家鉅子之林也。

至數息之法，又名調息，道家又稱聽息。蓋以氣息由於呼吸，呼吸由於肺部，而鼻為出入之門。凡技擊學步之始，先須使氣脈沉靜，直達氣海（又名丹田，即小腹下部是也）。

而用力之法，先宜講身體站立。足之前後跟踏地，挺腰開胸，兩手插腰，聽氣之出入，拋卻萬念，默記其度數。或由一數至五，或由一數至十，不可記數太多，以免心神昏亂。此數息之法也。

至聽息，則其功較數息為深。每於朝夕演習時，從容運使，不可著力。出一掌也，當平肩直腰，若氣自肩腋而來，直貫於掌緣五指之尖，靜心聽之，臂彎指掌間，似有膨脹伸張之意。此外運腰挺足，亦復如是。坐立、行動，總以氣息沉靜為主。（圖 10-9、圖 10-10）

久之習養功深，無論如何跳躍，氣亦不為之喘

圖10-9　站立數息　　　　　圖10-10　坐功

促。此技擊家所謂下實則上輕，即練氣不浮之功效
也。但有一事須注意者，氣以順為要，而不可過於逆
制。初學步時，偶於用力猛烈，則氣必喘息，切不可
忍制以求爭勝於人前，否則肺部暗受其損害，必致不
可救藥。吾見少年人每有此弊，故為之警戒耳。

三、欲學技擊，先破生死關

　　夫死生一關，為眾生之大關鍵，亦即佛氏之度世
證果無上法門也。又豈僅區區技擊一術，所當視為先
務乎？今將為子作片義之喝棒，揭出斯旨，不可以玩

弄光景之言視之，以重吾之罪。

蓋技擊之為道，雖屬衛身強體之術，而終含有幾分克敵制勝之意。質而言之，即謂之曰殺人之術，亦無不可，如是則生死之一念，愈不可不先破也。

昔有壯士某，為河北之技擊大家，凡燕、秦、楚、越諸地，無不知其名者。以其操術之神，實有過人之處。據其自言，亦謂自束髮時，即肆力於此，性命以之者垂三十餘年，平常以為舉世無有能敵之者。後以強橫逞力太過，被擊於蘭州之一遊方僧，斷其兩足。今尚流落豫洛間。人有問之者，不敢復言技擊術。詢其勝負之道，以筋力論，聞此僧差某壯士遠甚。當其競鬥時，一則氣息暴狠，欲得而甘心；一則穩坐蒲團，一塵不動，靜以待之，乘虛而入，如操左券。此由於生死關早已勘破，故臨敵制勝，毫無畏怯。可見禪機之為功，又豈肉眼凡夫所能夢見者哉！（圖10-11、圖10-12）

由是觀之，則破生死關之於技擊一術，實為必要之道。然此事又豈率爾空談所能見功者乎！佛門之畢生修養，乃以此為究竟證悟。然而緇衣萬千，求其於此中勘破塵根，悟徹輪迴，而不墮落於遊光幻影者，已屬百難見一；況君等凡夫，處此欲海茫茫之中，求能超拔乎生死之域，恐戛戛乎其難矣！

壯士某，為河北之技擊大家，凡燕、泰、楚、越諸地，無不知其名者。

圖 10-11

平常以為舉世無有能敵之者。後以強橫逞力太過，被擊於蘭州之一遊方僧，斷其兩足。

圖 10-12

少林拳術秘訣

子既求技擊之臻於絕頂，必須於此道有所得，而後可以神明於法之中，超其象於塵磕之外。吾雖知其難，而又不能不以此難為期許者，非故高其說以阻人勇進之心。究吾之所望，人自哇哇墮地，而此一大關，即為吾人歸根結果所當知者，又豈僅技擊一端，須於此中著力已耶？倘與我佛因緣，由一指而入正覺，斯則吾之厚望也夫。

以上乃三原寺僧傳授李某之言，此所謂傳理不傳法者。雖然寥寥三端，談何容易。李自得此旨，歸而求之，如墮五里霧中。後乃結廬於嵩山中，發篋讀書，並於朝夕肄習技擊術。久之，於儒書有所頓悟，乃再誦釋典，悉心求禪蛻之學，如是者又十年，遂參悟生死之機，而其技術之神妙精奇，亦為古今冠。後著有《塵技禪機》一書，專闡發此旨。惜其子某不善繼述，使此籍湮沒不傳，良可歎息。

前荊襄某寺僧，猶有能言其技之神、術之精者，但以年湮代遠，文獻無徵，遂使此術如廣陵散之遺落人間，洵可慨也。（圖10-13）

第二節　滕黑子之技擊術

滕本湘之麻陽人，生而有異力。人以其膚黑，故

李鏡源結廬於嵩山中，發篋讀書，並於朝夕肄習技擊術。

圖 10-13

滕黑子，湘之麻陽人。操舟為業，耽嗜拳擊術。

圖 10-14

呼為黑子。少年以操舟為業，耽嗜拳擊術。每於朝夕暇時，演習不倦，而技乃日進。（圖10-14）

　　惜其技多得之於鄉中拳師，專尚筋力，而無神奇，滕亦不自知也。後以舟泊岳陽城下，有老叟某附舟往漢，滕以叟老而有貧狀，不取資，且供給飲食，甚周至。叟頗感之。滕舟有客四五人，內二客乃油商，挾資財甚多。舟至嘉魚，猝遇盜，約二三十人，持械蜂擁登舟。（圖10-15）

舟至嘉魚，猝遇盜，約二三十人，持械蜂擁登舟。

圖10-15

滕恃其勇，獨立船頭與盜搏。

滕恃其勇，獨
立船頭與盜搏。
（圖10-16）

盜眾內有數
人，似亦嫻技擊，
身手頗健，滕有不
支之勢。適叟在
旁，以篙相助。
（圖10-17）

圖10-16

滕有不支之勢。適叟在旁，
以篙相助，盜遂披靡遁去。

少林拳術
秘訣

280

圖10-17

叟盡傳其術於滕

圖10-18

盜遂披靡遁去，滕以此得免。乃知叟為奇士，遂師事之，叟乃盡傳其術。（圖10-18）

滕於是復悉心研究，技更精。未幾，叟去，滕強留之，不可，乃棄舟於妻弟某，而獨隨叟遊。叟曰：「子待吾之誠摯，吾感激甚深，但愧吾技淺，不能益君子。既嗜此如性命，吾為君介紹一友，當有所裨助。唯此友現隱於商，往來荊襄間，年只二次。君於秋末時，持吾函往訪之，必可相見。但友乃少林術專家，粵贛間無不知之者。其操術之神，非吾所能望肩背。獨性情甚異常人，子宜謹事之。倘遇其怒責時，不可稍存芥蒂，久之當自款洽也。」

曹玉廷，陝之漢升人。父官給事中，沒於京。曹遂浪遊南北，凡有以技擊著稱者，雖窮鄉僻邑，必挾資訪之。

圖 10-19

　　滕記之，於九月中訪於漢陽某旅次，出叟函相示，略為周旋，滕日必往候，持禮頗謹。友姓曹，字玉廷，陝之漢升人。父官給事中，沒於京。曹遂浪遊南北，凡有以技擊著稱者，雖窮鄉僻邑，必挾資訪之。後在津沽間，遇智圓上人，乃師事之，盡傳其術。（圖10-19、圖10-20）

　　師本少林鉅子，練習呼吸神掌，垂四十年不輟。

智圓上人，本少林巨子，練習呼吸神掌，垂四十年不輟。

圖10-20

能於距離百步外，運掌力擊之，應手而倒。常遊皖洛間，人均以神掌稱之。且嫻縱躍術至精，凡崇垣高逾尋丈者，聳身而上，聲跡俱無。故上人之技，實於少林別開生面。唯曹性孤介，於人不稍假聲色，獨與叟甚相得。蓋以叟亦關中奇士，少年以文學著稱，後經患難，遂無復仕進志，棄家浪遊，不求人知也。（圖10-21、圖10-22）

智圓上人，
號稱神掌，
能於距離百步外，
運掌力擊之，
應手而倒。

圖10-21

智圓上人，
嫻縱躍術至精，
凡崇垣高逾尋丈者，
聳身而上，
聲跡俱無。

圖10-22

284

滕得曹術，技乃猛勇精進，能作壁上行。

圖10-23

曹得函，又見滕性純厚，舉動有任俠氣象，乃收之門下，悉心教授，不稍隱匿。滕自是遂棄其少年所學，專攻少林法。且滕素能跳躍，今得曹術，技乃猛勇精進，能作壁上行。而掌力神功，亦較前大相懸殊。曹見其可教，更以流星彈之法授之。滕因此竟於技擊一術，集南北派之大成。（圖10-23、圖10-24）

曹以流星彈之法授之滕黑子。

圖10-24

今將滕自述其平日之師法變遷，及其挾術遊於江漢時所經歷之境況，記載於後。凡有心習技擊者，不可不三復而留意焉。

滕氏曰：

吾於少年時，雖好習拳棒，不過得之於鄉里父老，吾初不知其劣，猶朝夕學之不少倦，亦性愛此

道，不知其然而然也。但以勤習既久，覺手腕亦頗有力，唯動作時不能免氣息喘促之苦。蓋因當時只知以手腕用力，每出一掌，必紮腰鼓氣，使盡平生之力打出，並頓足拍胸，放聲呼喊。一種鄉鄙氣息，令人不可向邇。但如是練習，久之亦覺兩臂增長筋力。唯此種筋力，增長雖速，而消退亦極易。吾於彼時，亦不知其消長之故。

後經曹師點示解授，並為吾言運氣使力之方，始知吾前者所用功夫，俱是虛力客氣。所謂入門已誤，竟同江湖賣技者流之使拳演棒，縱使得五花八門，終屬外家，不能入名人之眼也。

曹師曰，人身之氣力消長，不可求速效。蓋以力本生於氣，氣乃生於血，血強而後氣強，氣強而後力壯，力壯而後筋骨剛健充實，此一定不可易之道。夫力有實力與虛力之分，又有沉力與浮力之別。凡未曾練習者，無論氣力如何強大，終屬浮虛一路，且多偏勝而難勻齊。究其一身論，上體必重，下體必輕，右手多靈便，左手多呆滯。而兩足踏地，必前後不平，一身轉變，必遲笨而難活潑。此由於不學之故耳。夫力之於身也，貴乎沉實厚重，活潑虛實靈（此虛字與前虛字，大有不同，學者當分別觀之）；而後可以運使周轉，如常山之蛇，擊首則尾應，擊尾則首應也。

不學之人，直力甚強，而橫力甚弱。發一拳也，其力至臂肘而止，不能貫達於指掌，更不能直透於指尖。可見同一力也，亦豈易言哉！

　　吾未與曹師相見之前，兩臂之力，能獨手舉三百斤之物，不以為怯。自以為筋力強大，世鮮有能敵之者。及與師遇，師命吾盡力搏鬥，以驗功夫之程度深淺。吾至此遂出其平生所常練習者，以為較試。不謂一舉手，師以力輕制之，而吾已不能動轉。始知平日所用功夫，只可與外家遇，以蠻力相爭，或可操勝算；一逢名手鉅子，終非其敵，從前未免枉用其力耳。自是遂棄其所學，專習師法，此為吾求拳技術之第二時期也。

　　自從新學習後，師命吾先立椿步，挺腰坐馬，聽氣下行，沉心寂慮，兩目直視，不許放鬆，又不許著力。每日朝夕兩次，五鼓起身，即站習馬步，每次必站立百字（即站時默數一至百之度數），倦則稍憩，再站，度數則由百以增至百五十或二百。唯初時頗不易，稍立即覺兩腿酸麻，腳脛無力。不料從師法未及旬日，足即腫脹麻木，幾於疲軟不克動彈。而從前之剛強氣力，減退幾盡，而腰更無力。吾於此，雖不敢言苦，然覺茫然莫解其故。

　　叩之於師，師為吾講解，謂初學之始，必須「換

力」。習之旬月，俟舊力悉去，新力漸生，此種力量，始能經久不變，始能日起有功，如是而後可謂之為實力、沉力。如爾從前之力，非不大而強也，然終是無用之力。試觀鄉鄙力田之夫，亦常有兩臂能舉數百斤者，迨至年齡漸長，而力亦漸退。此其故，由於未經練習，所有筋力，俱浮而不沉，虛而寡實，一遇技擊家相搏，則其氣力不知消歸何處。可見氣力在於練與不練之分，而練習之道，又在乎得法與不得法，不可忽略輕視也。

吾自師授後，朝夕勤苦演習，未嘗少輟。初時則力退而筋疲，及經過旬月後，自覺新力生焉。師之術，以呼吸為主，以漸進為功，以神功為究竟。入手之初，先氣功，次練足、次練腰、次練手、次練肘拐、次練目，又次練耳，又次則手、足、耳、目交練，而以騰身縱躍為成功之極則。至使用器物，各以其性之所近，如棍、如劍、如長矛、如流彈、如袖箭、如飛刃，認定一物，日夕從事，必須至精極熟以至於神而後已。

故師之授技，須先考察其人的性情、志氣、品格，經三周月之久，始定其收留與否。蓋以師擇人最嚴，雖其人之性情良、志氣堅、品格高潔，苟無恒久耐苦之心，專一不紛之概，師必不收受矣。師嘗曰，

凡習一技術，如無必成之志，不如不練習之為愈也。恒心者，成功之道也；專一者，修養之訣也。苟一作而一輟，或淺嘗而輒止，見刀而愛劍，博習而龐雜，雖有神秘之術，亦終無益而已矣。

　　滕氏所傳練足、練手等法，已見前章，無庸贅述。唯練耳一法，造一木架，中懸竹杆，如秋千然，杆頭紮一布片。演習時，使竹杆飛動，身背立於竹杆不能到處，以一二寸為度，聽竹杆飛動時，其風翁翁然，從耳後經過，凝神靜聽，身不可動。習之既久，則以後有人與物由側背擊來，聞其風即可躲閃而避讓之。此亦少林法也。至於練目，亦與此同，不過轉背面為正面耳。然此兩種練法，總須時常演習，非旦夕間可能奏功也。（圖10-25～圖10-27）

圖10-25

圖10-26

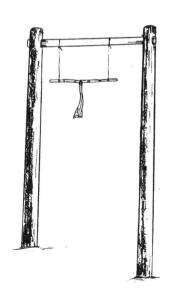

圖10-27

至騰身縱躍術，習之殊不易。若在少年時，專心學之，三年功夫，可以飛騰二丈以上。再久練不輟，更能逐漸增高。此術在道咸間，北方健兒，能之者不少。近則滇黔豪客，最喜習此技。如吾所見滇黔人士之以此技著稱者，已有十餘人之多，亦風尚使之然也。

其法：先於地面掘一圓徑之穴，深度則初時以五寸內外為限，寬則以能容雙足為度。演練時，立足於其中，直腰硬腿，向上作跳躍勢，每次只可跳躍三五十回。以後則逐日增加，倦則稍息，不可過勞。

凡初習時，雖跳躍此五寸深之穴，非半年工夫，難於躍出。因直腰硬足，不易用力故也。至能跳高四五寸後，則逐漸將穴掘深一二寸，如是增加，約至尺餘，則曲腰作勢，可以飛騰逾丈矣。然此非二三年苦功不可，勿宜求速效也。

如至躍能逾丈後，再須以鉛錫鑄造圓瓦形之物，緊紮於腿脛間，每張鉛片，初則五斤、十斤，以次遞加，量其力之所及，與功夫之深淺；倘能於左右腿紮鉛片二三十斤，直其腰可跳高一尺餘之土穴者，則解去鉛片，便能飛騰數丈矣。但此總須恒心耐苦以習之，無有不如願以償者。如滕氏練習此術，自謂朝夕從事，將二十餘年，凡船桅高至三五丈者，縱身而躍，即登其巔。（圖10-28～圖10-30）

圖 10-28

圖 10-29

圖 10-30

滕氏練習此術，自謂朝夕從事，將二十餘年，凡船桅高至三五丈者，縱身而躍，即登其巔。

293

今將滕氏之逸事，略記述於下，而滕氏之奇技俠腸可以窺見一斑矣。

當道咸年間，湘人之業木商者稱極盛時代，其木料以運至武漢銷售者為多。每歲木排之抵漢者，約數千張（聚集木料數百根，用竹繩紮緊為一張，故名木排，每排需十數人駕駛之）。唯以彼時漢鎮泊舟碼頭，俱為川鄂人以強力占盡，湘人幾無插足地。故木排抵漢時，只能灣泊於鸚鵡洲上流一帶，而下流則不准湘人越雷池一步。偶有誤泊者，則必遭川鄂人聚眾毆擊，湘人不敢與較也。

滕氏素以駕木排為業，因挾技擊奇術，平日義聲頗著，故舟人俱崇奉之。彼時適抵漢，因江水暴漲，木排斷纜，流至鸚鵡洲下，川鄂人遂將木排扣留，更聚眾欲鬥。

滕氏乃約舟子中之健者十餘人，並慷慨相告曰：「吾湘因無泊舟碼頭，日受川鄂人之欺侮凌踐，至於忍無可忍，然彼等所恃者，人眾而心齊，故敢肆其橫強。吾湘則人雖多，竟以身旅客地，而心怯不敢與較，致日任川鄂人之毆責而無了日，未免為湘人羞。今吾拼此生命，一雪此恥。諸君且隨我來，勿庸畏怯。彼等人縱多，只須我一人足矣。」舟眾聞滕言，皆奮發欲與川鄂人一決。

群起持木棍攢毆。
滕即騰身而起，霎時間，
川鄂人之被拋入江者數十人，
餘均鼠竄以去。

圖10-31

　　滕即率此十餘人，至鸚鵡洲上游，命將木排奪回。川鄂人見滕人少，遂群起持木棍攢毆。滕即騰身而起，霎時間，川鄂人之被拋入江者數十人，餘均鼠竄以去。（圖10-31）

　　迨次日，川鄂人呼群而至，人約千餘。滕更空拳出而相搏，當之者無不拋擲數丈外。且奮鬥時，人只見滕氏如怒鶻橫空，往來搏擊，捷若閃電。（圖10-32）

　　此役也，川鄂人之被擊及沉沒江心以死者約百餘人，並經控告，官吏以川鄂人以眾毆寡，先有不合，

滕氏如怒鶻橫空，往來搏擊，捷若閃電。

圖10-32

遂判湘人得直。自是滕氏之名大著，而鸚鵡洲乃歸湘人獨有焉（此事曾載楊杏農先生之《江漢瑣言》中）。

　　滕氏又言：彈丸術為曹師之絕技，能於俄頃間發丸三四十枚，疾若飄風閃電，相距百步外，無不應手而倒。且中鼻中眼，絲絲入扣，百無一虛發者。而發丸之力甚強，若中胸腹，雖著衣數層，猶能陷入骨

彈丸術為曹師之絕技，能於餓頃間發丸三四十枚，疾若飄風閃電，相距百步外，無不應手而倒。

圖10-33

內。此操術之神，非敢阿其所好。在當時南北巨鎮，無不知師名者也。（圖10-33）

　　至練習之法，初則擇一空曠地，於三五十步之距離，立一寬尺餘之木板，朝夕以小石塊飛擊之，每次以一二百度為宜，久則逐漸增加。唯發彈之用力，以腕肘平橫力施放，不可揚手聳肩。蓋以揚手高舉，則

力不能平，彈去必斜。此所以貴用腕肘力，又名虎口力，即所謂暗力是也。初時必不能及遠命中，練之既久，功效自見。然尤貴左右手並習，更為便捷。

曹師嘗謂吾曰：「發彈丸之術，並無奇訣異法，只在乎練習精熟，使肘腕得力。積以歲月，熟則生巧，巧則生神，左右逢源，無不隨心所欲。且此技效用最大而便，能禦敵多人，不為所侵害。故巾幗中亦有精習此術，而救濟一時者。」可見此事只在乎恒心專一，未有不能者也。（圖10-34）

滕氏又曰：吾乃武人，識字不多，故於曹師之微

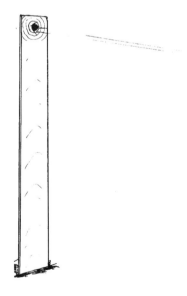

圖10-34

言妙諦，惜難盡記。然吾之恒心，堅苦耐勞心，猛勇精進心，實較他人為勝。自得師授後，垂三十餘年，猶不敢少倦。曾記師言，謂吾所得者，多屬外功。後師見吾在可教之列，於閒居暇日，輒為吾講解內功。吾亦漸有所領悟。唯其語多佛門精義要旨，當時曾求師為吾書錄一紙，以備時常研習，此內功之津梁也。後滕氏傳授門徒，於外功畢業時，亦擇其人而以此紙授之。故記載於此，可以窺見一斑也。

一、解脫功夫

夫解脫云者，乃佛氏明心見性之真詮，豈塵世凡夫一時所能領悟。以技擊小術而遽語及此，未免陳義過高。況此技之宗旨，雖以達摩師為衣鉢之祖，然此只可為佛門中人告，而世俗之耽精斯術者，終不免墮入塵障中，而以克敵制勝為究竟之目的。如是而語以解脫，直無異夏蟲而語以冰，井蛙而語以海，似覺有自相刺謬之譏。雖然此術之深造，有外功、內功之別，既得其外，不能不研究於內，否則終不克臻於神妙之域。吾今以昔得於師者，為子一講授之，不宜以尋常視之也。

何以謂之解脫？即人生於世，易為五根六塵所纏縛，若不求解脫，則無論操何業、習何術，氣質用

事，必不免於好勇鬥狠，以僨事而殄其身者，此解脫之術，實為此等人之當頭喝棒也。

夫世人氣質，未有不備者，況當少年血氣方剛之時，爭勝逞強，時所難免，而又益以技擊之術，更足長其驕矜跋扈。一遇不平及橫逆等事，鮮有不飆然而起、劍及履及者。故此技擊之功，須與身心解脫之法以並進，不可視為緩圖也。

佛門十三宗，以禪宗為解脫法之最。蓋以禪宗尚超悟，而解脫者，即超悟之不二法門也。吾人既墮生斯世，就極大之主旨，實不能不皈依正覺。解脫世間一切苦、惱、喜、怒、憂、樂，而頓悟人生之本源，始無負此一身。又安可假佛氏無上宗法，以為微技末術之濟，是無異於既入寶山，而徒手空返；假道慈航，而淪沉苦海，未免為佛氏之罪人也。

吾之以斯言相傳授，其藉此而證悟皈依者，已有數人。可見華嚴淨土，各有因緣。常有目不識之無，一言瞭解，便入正覺。世所謂拋卻屠刀，立地成佛之語，非欺我也。今子於技擊之術，其外功已覺造詣甚深，唯此精神上之作用，不能不假途佛法，以求臻猛獅活虎之境，而圓滿其功行。然吾之所屬望於世者，究不止此，子其勉乎哉！

夫技擊術之所以必須乎解脫者，以此術操之愈

神，其害世愈大。似非解脫一切之煩惱與氣質之備，則道德乖舛，品格斯卑，此解脫法之所以為技術所必要也。然解脫究非空談所可了，其研求之道，即佛氏開宗明義之所謂忍辱戒妄是也。

何謂之忍辱戒妄？曰：技擊之所貴，其自修須專一沉靜，其對人須溫厚和平。苟不守此旨，一任性之所動，則久之必遭天譴。此解脫法所以為斯術之玉律金科也。至如何而後能解脫，自不能不以忍辱為要，以袪妄為歸。蓋以俗世人情變幻，立身於社會中，不平之事，舉目即是。若無忍辱之道，處之殊非易易。佛氏具慈悲度世之願力，故與眾生相周旋，即欺之、凌之、踐之、斥之、唾而汙之、輕而罵之，其辱雖至於極點，佛氏則以為眾生可憫惻，不唯不與較，而反以此為輕減己身之生前夙孽。

此佛氏之量，所以與天地同體。人能以此立心，則世間萬事萬物，只覺其可憐、可歎、可歌、可泣，有何紛爭角逐之足言。此所謂目空萬象，悲智雙修。此忍辱一言，無論怒也、惡也、憎恨也、煩惱也，暨人間一切逆心忤耳、困心橫慮等事，俱可以此為炎火叢中之清涼妙劑。如是解脫，則一生之受用無窮。此所謂孽海茫茫，獲寶筏而彼岸可登者也。

戒妄乃禪門之當頭喝棒，故內典五戒，首在不打

誑語。然此與解脫，究有何關係？非悟徹三昧者，幾同隔靴搔癢，莫明其根原所在。究其實，則技之不精，德之不進，煩惱之所以來，皆自妄念之一端而起。苟能於此妄念而克除淨盡，則於解脫自有不可思議之妙。今為推闡內功，而以佛法作造詣之鞭影，知之者則言下立解，若有慧根；不知者則以為假釋宗之妙諦，藉以神其術。此吾黨所宜兢兢業業，求實踐之功，勿蹈浮光掠影之譏，斯為善矣。

二、靜悟與無恐怖心

自漢唐以來，讀書高尚之士，多好擊劍術，而徒手技擊之法，研究者實少。自宋時岳武穆傳流雙推手後，於是習之者漸盛。然皆鄉鄙粗莽之夫，及綠林強梁之漢，以此為雄長鄉里及飄流江湖之護符。而閥閱縉紳之子，每視此為末術小道，不屑肄習。故史冊之間，少有傳聞。

迨元明以降，此風稍盛，燕、齊、關、洛間，時有以此技稱者，然終屬強悍尚力者。求其從容儒雅，能為此道之泰斗明星，而數百年來，實未有其人。

及至滿清入關，華夏淪為異域，忠烈遺民，與夫宗社故老，常有規復河山之志，又懼為滿族所得，故有薙度為僧，不忘故國；有遁跡深山，暫易姓名者。

各有敵愾同仇之心，遂懷枕戈臥薪之志，乃發揚蹈厲，鍛鍊筋骨，此技擊之術，遂有聞人。又知夫血氣之勇之不足於有為也。乃參證禪機，冀臻上乘，於是始有內外交修之旨、身心兩習之功，其技乃別開一生面，而非複向日之景象矣。

以技擊微術，而參證於禪悟之機，其造詣之神，不言可知。蓋以外功之練習，乃肉體筋骨所有事；而內功之修養，實性命精神所皈依。離而二之，則為江湖末技；合而一之，則為神功極致。唯劣根凡夫，能語於此者，究難得其選，何也？即禪機之在靜悟是也。

人生唯生死乃一大關頭，此關不破，則種種障礙，隨之而起。常有技擊之功已臻絕頂者，一遇猝然變端於生死呼吸之會，則心膽俱落，手足失措者有之。何以故？即生死之關不破故。雖然生死之為道大矣，不參證又何以徹悟？不靜默又何以參證？欲勘破生死關頭，總須從靜中悟出端倪。唯此中功夫，談何容易！然不如是，實不足懸崖撒手，斷此塵心。

先師嘗謂吾曰，人到生死俄頃間，而能萬念盡空，了無一毫牽掛，此所謂無掛礙斯無恐怖，無恐怖則生死之念絕。此禪門所謂「瞭解人間生死念，便覺當前火自涼」也。

胡某，忘其名，黔之黎平人，以拳勇著稱者。

圖10-35

第三節　胡氏之技擊術師法派別

　　胡某，忘其名，黔之黎平人。父業商，家頗饒資財，僅生胡一人，鍾愛之甚至。（圖10-35）

　　胡少年即嗜技擊術，凡鄉里之以拳勇著稱者，無

少林拳術
秘訣

304

不留之於家，款待極盛。嗣見來者技俱平常，不足厭所欲，乃挾資遊川、滇、湘、鄂間，亦無所得，怏怏返里。仍日夕從事於此，不為少倦。未幾，有遊方僧踵門造訪。胡出與言，見僧體小而貌陋，雖款待留僧，而不甚重視。僧知之，亦不求去，又不與胡談技術。居月餘，胡不能耐，乃叩僧所長，欲與僧一較優劣。因胡已習此道十餘年，於鄰近拳師所授者，練習甚精，且富膂力，四境無有能及之者。此次見僧貿然來，又日高臥而不獻技，以為江湖賣技者流，思以一較逐而去之。僧笑謂之曰：「君本健者，吾知之甚久，如欲相較，可於夜深人靜時，吾與君兩人在僻處略一拈手，便可得也。」

胡俟至夜，與僧至門前稻場中，囑家人盡避去。僧立場中，謂胡曰：「君勿視吾渺小，倘有何長技，可盡力施來。」胡平日最精於長短腿擊，並柳葉掌推印術，至是遂出其極猛之力，欲以一腿倒僧。不謂左腿飛起時，只覺閃爍間，而身已倒於場之東偏，較先立處已相距三丈遙矣。且倒勢過猛，胡臥地不能起，僧乃急往扶持，且謝罪焉。胡並無怒意，知僧有異術，遂師事之。（圖 10-36、圖 10-37）

僧曰：「君所習者，其功夫不可謂不勤，然有

圖10-36

力而無氣，有腿法而無樁法，有手法而無身法，有擊
法而無眼法。此囿於鄉里，無名師益友互相研習之
故。吾不遠數千里，踵門相就者，感君義風俠骨，將
有助於君，幸勿遐棄也。」自是胡師事維謹，僧亦盡
所長而授之。

　　僧本滇人，隨父宦浙中，父歿，遂被其僕賣於閩

胡左腿飛起時，只覺閃爍間，而身已倒於場之東偏，較先立處已相距三丈遙。

圖10-37

某宦家為奴。年漸長，逃匿少林，遂剃度為僧，釋名一貫，為覺遠上人高足弟子。初時與眾僧同習技術，因體魄弱小，膂力頗劣，儕輩多輕視之。一貫乃於夜深人靜時，獨自練習，並於呼吸法研究最勤。未半年而功進，力亦加強，同輩驚服。（圖10-38）

後覺遠遊桂林，遇馬士龍於陽朔授徒，名震遐

圖10-38　一貫禪師

邇。士龍與覺遠本同學契友，遂留覺遠駐錫於淨雲
寺。斯時門徒中相從者，約五六人，而一貫技最精，
又朝夕勤苦自修，專練一指之力，且習久生神，能於
隔板壁數層，以食指插按。試貼身驗之，頗覺力透膚
疼；倘插按過力，而皮膚顯青紫痕；久之則筋骨亦為
之牽痛。此神功絕術，由於專心致志以練習之，始克

圖10-39

臻此。（圖10-39）

　　後士龍知一貫得少林秘術，而又具大願，力大智勇，洵可繼衣缽者，遂亦以神拿術及內家氣功、玉川劍術，盡秘授之。由是一貫以少林派而兼習內家，遂為此術鉅子。（圖10-40）

　　數年覺遠上人與馬師先後逝世，一貫乃遊黔中。

馬士龍授一貫內功、劍術

圖10-40

因聞胡某有訪求名師之舉，知必精心於此道者，欲見
其人，以為傳授絕學計。今睹胡師事謹，而人亦樸厚
純良，求術甚專，乃悉心為之講解指示。並為之剖析
近世南、北派之師法變遷，及江湖所謂內、外家之同
異精粗。凡一貫師所知而精者，無不傾心以教。胡亦
視師若父，供給不敢稍懈。凡師所傳授之術，更視為

少林拳術
秘訣

310

玉律金科，性命以之。至是胡之技擊術乃大進。

後又同一貫師挾資遍遊北方，燕、晉、秦、齊諸名都大邑，無不遊歷殆遍。至一地，必訪詢其中之精於此道者。故至今南北名區，凡有深知少林宗法之士，均欽仰胡氏不置。

顧胡氏家本素豐，因好結交，未數年遂中落。後返里，以黔中綠林最多，凡他地之往黔運售煙土者，常遭劫奪。胡遂出為鏢客，以保護商旅。凡綠林之巨魁酋首，聞胡在其中，即不敢劫取錙銖。胡因是每歲所入頗豐，家亦漸裕。唯當時遠近聞胡名，皆欲執贄為弟子，一習其術。而胡擇之最嚴。

時川中某鹽商子，挾資巨萬，登門求受業。胡見其人有驕暴氣，峻拒不納。胡於呼吸術，頗得其中三昧，故年八十餘，而鶴髮清姿，無龍鍾之態。其門徒中之能傳其術者，以楊獨眼、馬北雄兩人為最。後楊則在湘、黔之交，如五、薌、辰、沅一帶，設場授徒。一時少年英鷙之士，歸之如鶩。馬則遊川蜀，以飛腿著稱於荊、夔、益、渝間。至今成都等地，猶有傳其衣缽者。（圖10-41）

茲將胡之技擊術練習次第，記述於下，為後學告焉。

入手練習之法，先站立馬步，習氣功。每日於凌

胡之高徒楊獨眼、馬北雄

圖10-41

晨黎明時，於空曠清幽之地，向東方日出處，先盡力
將胸中穢氣吐出，再用力吸納新空氣。初則吸納以七
度、十四度，漸次增加至四十九度，或八十一度為
限。吸後即徜徉遊憩一二刻，則習坐馬樁。顧坐馬樁
者，即乘馬勢也。

　　習時初則默數字數，由一以至四九，如腿酸足疲

時，漸停息片刻，再如前站習；久則腿力漸強，酸楚少減，至精熟則站立一二時，亦不覺其苦也。唯站立必須直腰挺胸，睜目平視，以左右手插腰肋間，聽氣下行，使直貫丹田氣海耳。（圖10-42）

圖10-42

　　站立既久，自覺氣能下貫而不上浮，則進習手運法。習時，則於站立馬步中，將插腰之手左右上伸，平肩一字伸，雙手前伸、下伸，開弓勢左右伸，如是由七度以至四九度，與前無異。倘有疲倦，立即停止，此為習技擊術之無上妙訣，不可不緊記。蓋以筋力之增長，總宜由漸進而不可由猛進，猛進則不獨於身有損，且難於神化。漸進則次第呈功，盈科以達筋舒血暢。既無意外之損害，迨至精熟，其力有不可思議之神通，此非過來人不能知也。唯最宜注意者，即恒久不輟，專一不雜，此為萬事成功之根源。而技擊術尤為必要也。

圖10-43

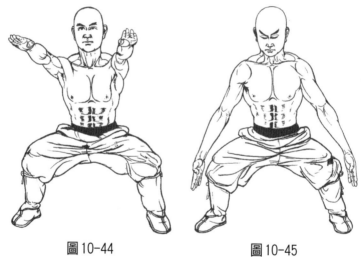

圖10-44　　　　　　　　圖10-45

（圖10-43～圖10-47）

　　手與足既覺氣充力壯，然後再進習身法、掌法、
眼法、趨避法、進退法、縱躍法、腿法、借力法、變

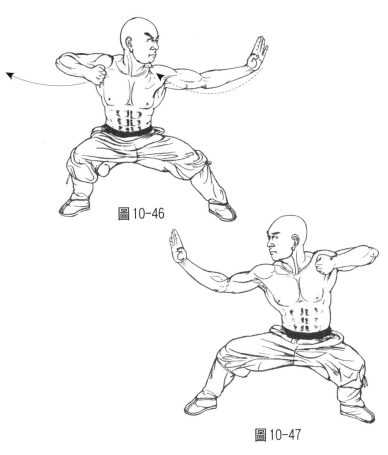

圖10-46

圖10-47

化法、打擊要道法。此等法，前章已言之，茲不贅及也。

　　胡氏平生之得力處，則在雙推手。胡氏深明一貫禪師之秘訣，於朝夕練習此手。與他人異者，即演習時必須子午樁，且矮馬開步，使運腰力，起坐伸縮，左右迴旋，與兩手指掌相印合。如是則周身之筋骨活潑，且力自氣海以達於肩腋，而吐放於指尖掌心間。

迨練習既久，一身無不得力處。如與敵遇，任擊何地，而手、足、腰、腿、肩、拐（即肘拐是也），皆可相應。此所謂生龍活虎、矯健不凡者也。（圖10-48、圖10-49）

胡氏於雙推手外，又變而為陰陽牽緣手、長短分龍手、左右夾馬手，種種變化。雖覺不同，而其主要，皆由雙推手轉變而來。後胡氏從一貫禪師遊，知手法雖多，其得力總在專而精，手法愈單簡愈切實有用，只須深知用力之方，與練習之精，及至臨場遇敵時，始可操制勝之權。倘平時不於專一上用力，是本實先薄，縱於各種手法演得五花八門，猿驚蛇躍，仍

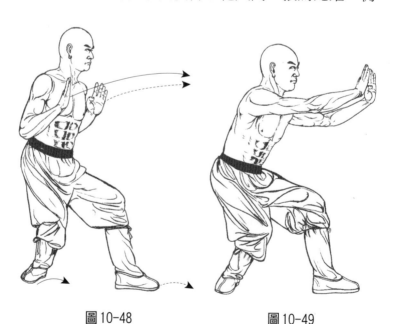

圖10-48　　　　　　　圖10-49

不過如江湖賣技者之弄巧作態，終屬下乘技術，不足經高手之一瞥。此胡氏深造自得之語，真可為此道之金針寶筏也。

胡氏自經一貫禪師點解指授後，乃盡棄其平日之習槍弄棒等術，專肄習於氣功神化之學。初尚鶩博矜力，迨內功三昧，漸漸徹悟，乃於百尺竿頭，更進一步。日夕所孜孜不倦者，於氣功外，竟專肄力於一指，久之遂臻神化之境，為少林別開生面。

胡氏為人，平生有過人者，即有恆與專一。自一貫禪師圓寂後，遂變師法，三四十年中，運其精力於一指。後遊川、秦，所遇名家鉅子，皆為胡一指所壓服。至今川中與湘、黔交壤各地，每談及胡之技術，猶有津津樂道之者。因其一指之神通，有不可思議之妙，其技術精微，洵令人不可及也。（圖10-50）

其練習一指之法，仍不過用雙推手、牽緣手等勢，唯變掌法為指法。用力之處，與演雙推手等無異。總須使一身之力，由丹田達肩窩，再由肩窩而吐運於食指之尖。

據胡氏言，謂當初習此二三年，雖覺一指稍為有力，然仍無何等功效，但不肯中途輟止，遂不問其成功與否，只知朝夜使運，專心作將去。及至十年經過，漸覺一指如鐵，周身之力皆貫注之。偶與人搏，

胡遊川、秦，所遇名家臣子，皆為胡一指所壓服。

圖 10-50

試以一指禦之，當者輒披靡。因是知一指之效，其力勝於拳掌萬萬。古語所謂「一指之力，可以搏千斤」者，真無愧也。

　　胡氏自十年後，更精進不已。始則用雙推手而變掌為指，繼則不用雙推等法，每日用左右兩食指尖，伸直而按於牆壁上，足自後退，身向前撲，如是則兩

指受力。

　　初時以身撲攢二三十度，指力似覺不能支，因身重而指力微也。迨經過三十餘年，日習而不輟，則更進一法，用兩指尖著地，直身蹲伏，以首向前攢撲，如虎之伸腰勢，如是則兩手之受力甚重。唯因練習既久，兩指若鋼錐插地，毫無屈曲痛苦之狀，雖以身蹲伏，連撲攢數十次，尚不覺其困，至此境界，其神通真不可思議矣。（圖10-51～圖10-53）

圖10-51

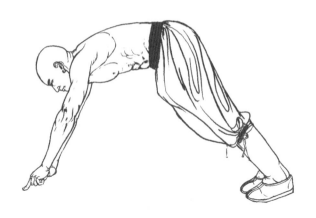

圖 10-52

圖 10-53

　　胡氏之指法，即北派之鐵牛耕地勢也。氏於一指
功夫，其猛勇精進，已令人可驚歎。然氏猶以為不
足，更於一指插地演習外，且猶殫精竭神於印指。蓋
印指者，即一貫禪師之秘術，不肯輕於授人者也。氏
自得師傳後，先本驚師為神授，諒非人力所能及，迨
至自己之指力功效略見後，始知天下技術，無不可習
而精者，遂以此為專門絕技，日孜孜而不倦也。

第十一章
少林之戒約微言

少林之戒約，當分為兩時代。

在達摩數傳以後，不獨少林中盛行此術，即遠近之叢林禪院，亦無不以此為師法。自是人眾品雜，純謹者猶能遵行軌範，不肖之徒，竟有忘其本來面目，失佛門倡立此術之遺旨。

以慈悲救世之場，竟變為弄拳習棒之地。故覺遠上人怒焉憂之，乃重立戒約，以垂示來茲。故出少林之門者，守之維謹，無敢或違。

茲記載於下：

1. 習此技術者，以強健體魄為要旨，宜朝夕從事，不可隨意作輟。

2. 宜深體佛門悲憫之懷，縱於技術精嫻，只可備以自衛，切戒逞血氣之私，好勇鬥狠之舉；犯者與違反清規同罪。

3. 平日對待師長，宜敬謹將事，勿得有違抗及傲慢之行為。

4. 對待儕輩，須和順溫良，誠信勿欺；不得恃強凌弱，任興妄為。

5. 於挈錫遊行之時，如與俗家相遇，宜以忍辱救世為主旨，不可輕顯技術。

6. 凡屬少林師法，不可逞憤相交。但偶爾遭遇，未知來歷，須撫以左手作掌，上與眉齊，如係同派，須以右掌照勢答之。則彼此相知，當互為援助，以示同道之誼。

7. 飲酒食肉，為佛門之大戒，宜敬謹遵守，不可違犯；蓋以酒能奪志，肉可昏神也。

8. 女色男風，犯之必遭天譴，亦為佛門之所難容。凡吾禪宗弟子，宜垂為炯戒，勿忽。

9. 凡俗家子弟，不可輕以技術相授，以免貽害於世，違佛氏之本旨。如深知其人，性情純良，而又無強悍暴狠之行習者，始可一傳衣缽。但飲酒淫慾之戒，須使其人誓為謹守，勿得以一時之興會，而遽信其畢生。此吾宗之第一要義。幸勿輕忽視之也。

10. 戒恃強爭勝之心，及貪得自誇之習。世之以此喪其身，而兼流毒於人者，不知凡幾。蓋以技擊術之於人，其關係至為緊要，或炫技於一時，或務得於

富室。因之生意外之波瀾，為禪門之敗類，貽羞當世，取禍俄頃。是豈先師創立此術之意也乎？凡在後學，宜切記之。

以上戒約，因當時遁跡空門者，流品甚雜。且自達摩禪師以來，世遠代湮，忘其本旨，竟有於廣寺巨剎之中，盛招門徒，傳習技術。於是遞相授受，風動一時，而紛爭搏鬥之事，遂時有所聞。若不嚴立戒約，則劣習流傳，將為世人所詬病。自此戒約倡立後，而緇衣之徒，始漸趨於慎重。可見一技之微，其創始者，本為一時權宜相濟之計，而不料後世之逐末忘本，流弊乃至無窮。此覺遠上人所以津津垂戒者，其功德真無涯量也。

少林技術之傳，以明室鼎革後，至前清順康數十年中，為練習最精時代。顧斯時有明代天潢貴冑之裔，與故老遺民、忠烈俠義之士，憤宗社之丘墟，痛種族之淪喪，恢復無計，偷生草莽，至無可如何之時，相與遁入空門，藉禪關清淨之地，以匿跡韜光，隱待時機之至。又恐此身萎靡，習於疏懶，遂殫精奮力於技擊之練習，欲以臥薪嚐膽之志，而為滅胡興漢之謀。於是朝乾夕惕，唯日孜孜而不已，且更互相研習，精益求精。

　　而少林宗法技術，至是乃臻於絕頂之域，而為前此數百年所未有。又以少林技術創始之宗旨，不過在體魄之強健，其關係僅屬於一身，後此則須推一身以及於國家。淬勵筋骨，勿使髀肉有復生之歎；庶幾枕戈待旦，而後禹域獲重興之望。故少林之技術，至是乃一變其宗旨，非復此前之故態。

　　而從前之戒約，有意義狹小，不復足以範圍之勢，乃於是重行增訂戒約數條，較之當日僅對於個人立言者，大有區別，此為少林宗法之第二時期。今記載於此，勿忽視也。

　　1. 肄習少林技擊術者，必須以恢復中國為志意，朝夕勤修，無或稍懈。

　　2. 每日晨興，必須至明祖前行禮叩禱，而後練習技術；至晚歸寢時，亦如之，不得間斷。

　　3. 少林技術之馬步，如演習時，以退後三步，再前進三步，名為踏中宮，以示不忘中國之意。

　　4. 凡屬少林宗派，宜至誠親愛，如兄弟手足之互相救助，互相砥礪。違此者，即以反教論罰之。

　　5. 凡少林派之演習拳械時，宜先舉手作禮。唯與他家異者，他家則左掌右拳，拱手齊眉。吾宗則兩手作虎爪勢，以手背相靠，平與胸齊，用示反背胡族，心在中國。

6. 如在遊行時，遇有必相較量者，先舉手作如上勢之禮，倘是同派，必相與和好。若係外家，既不知此，則相機而動，量其技術之深淺，以作身軀之防護，非到萬不獲已時，不可輕擊其要害。

7. 傳授門徒，宜慎重選擇。如確係樸厚忠義之士，始可以技術相傳。唯自己平生之得力專門手法，非相習久而相知最深者，不可輕於相授。至吾宗之主旨，更宜擇人而語，切勿忽視。

8. 恢復河山之志，為吾宗之第一目的。倘一息尚存，此志不容稍懈。如不知此者，謂之少林外家。

9. 濟危扶傾，忍辱度世，吾宗既皈依佛門，自當仍以慈悲為主，不可有逞強凌弱之舉。

10. 尊師重道，敬長友愛，除貪袪妄，戒淫忌狠，有於此而不謹為遵守者，當與眾共罰之。

以上乃少林第二時代之戒約，實含有國家主義，及種族主義，較之曩昔，大有不同。故二百年來，少林派之門徒，無不守之如玉律金科，至今則此志已達。讀此戒者，可以仰窺先正之宏願也。

第十二章

明季少林之變派

　　滿清康乾之間，少林技術漫衍於南北，為數百餘年所未有。不知者以為宗風所扇，流傳斯盛。然一考其致此之由，實含有無窮之悲觀。故宮禾黍，銅駝荊棘，雞鳴戒旦，人懷敵愾同仇之心；擊楫中流，士有披髮為戎之懼。當其時，明社已屋，河山改色，神州陸沉，英雄墮淚。深山窮谷之中，不乏傷心故國之士。匿影禪關，時殷運甓，假少林之技術，鼓迪臣之血氣，揮拳運掌，礪精砥神，變本加厲，絕技斯擅，溯尋派別，景仰無窮也。

　　少林之初創此法也，本無所謂技擊術，不過與衛生之體育無異。顧以達摩師當日立法之意旨，實因伽藍清靜之地，趺跏久坐，易成疲頓，乃因時立制，以求裨補於一時。孰意其始也簡，其後遂日增月盛，竟非初念所能及也。

327

吾國技擊之術，原不始於六朝時代，周秦之間即有以此著稱者。不過其時僅以劍術為重。

圖 12-1

　　夫吾國技擊之術，原不始於六朝時代，周秦之間即有以此著稱者。不過其時僅以劍術為重，而於拳足技擊等法，傳習蓋寡。（圖 12-1）

　　迨漢、晉、隋、唐以來，此術乃日趨於盛，試讀太史公《遊俠》與《漢書・方伎》等傳，其時豪壯之士，以劍術名者，亦間有著聞。如巴郡任文公，命其家人日舉百斤，環舍趨走，以練習手足之力。（圖 12-2）

　　至唐時大歷中，有崑崙奴磨勒者，能攜極重鐵椎而躍逾崇垣十數重。後某巨僚以甲士五十餘人，圍擊

於一院落中，更
能以短匕首左右
策應，瞥若驚
鴻，疾同鷹隼，
雖攢矢如雨，均
莫能中，頃刻
間，竟飛出極高
垣牆以去。（圖
12-3）

巴郡任文公，命其
家人日舉百斤，環
舍趨走，以練習手
足之力。

圖 12-2

唐時大歷中，
有崑崙奴磨勒者，
能攜極重鐵椎而躍逾崇垣十數重。

圖 12-3

自達摩師後，沙門之以技擊術顯者，遂不絕於時。

圖12-4

　是唐時已有如斯身手之人，可見技擊一術，至隋唐中蓋臻極盛，而宋元以降，更代有傳人。而達摩師之寥寥數手，雖師承遞嬗，日漸趨於精微，實不得謂為此術之開山祖也。然不過在當時之技術顯者，僅世間俗子庸夫，而方外之士，尚未聞以技擊稱也。

　考斯術之源流派別，雖不能謂為達摩師之創立，然自達摩師後，沙門之以技擊術顯者，遂不絕於時。如洪蘊禪師、覺遠上人、一貫禪師、澄隱上人、獨杖僧等，皆為此技之名家巨手。（圖12-4）

故自明代以來，凡談技擊者，遂有內家、外家之派別。何以謂之內家？即塵世間普通之稱，如佛門之所謂在家出家是也。外家者，即沙門方外之謂，以示與內家有區別也。

內家之技術，極盛於隋唐，至宋元而稍衰，及明季乃一大振。試觀歷代史籍，其中方伎一門，多醫卜、星象、測候、推步、遁甲、風角、讖緯、孤虛等事。而技擊一門，鮮見著錄。然足資人考證者，除二三私家文集外，僅稗官野史，略有記載。然亦不過存十一於千百，求能窮源究委、深明派別者，真如麟角鳳毛，不可多得。

如《明史・方伎傳》，只言葛乾孫，體貌魁梧，精於擊刺，且嫻醫藥。至呂元膺，則記其知運氣之法。（圖12-5）

張全一，名君寶，號三豐者，《明史》僅記其貌頎而偉，龜形鶴背，大耳圓目，鬚髯如戟，寒暑唯一衲一蓑，所啖升斗輒盡，能一日行千里。又日與其徒遊武當山，創草廬而居之。明太祖聞其名，於洪武十四年，遣使覓訪而不得。此等記載，闕略太甚。蓋以三豐，綽號「張邋遢」，為明時技擊術之泰斗。先居於寶雞之金台觀，後學道於鹿邑之太清宮，於少林師法練習最精。後遍遊於川蜀、荊襄、沔漢間，其技更

圖12-5　葛乾孫

進，能融貫少林宗法，而著力於氣功神化之學。晚年
更發明七十二穴點按術，為北派中之神功鉅子。

　　蓋張本遼陽懿州人，至今燕、趙、齊、魯間，雖
數百年來，猶有奉其法若神明者。而《明史》僅言其
授徒居武當山，既不言其所操何業何術，則張以何授
徒？又以何術而為太祖所知，與遣使尋覓之故？皆不
詳細載明，洵《方伎傳》中之一大缺點也。（圖
12-6、圖12-7）

圖12-6　張三豐

圖12-7　張三豐晚年發明七十二點穴術

圖12-8　李東山

　　並有李東山者，與張同時，亦以技術顯，為南派中之鉅子，且精風角、奇門、六壬、推步之學。《明史》未有傳，可見當時士大夫於此，多不甚重視。此吾國技術之所以日就勢微也。（圖12-8）

　　自明室鼎革以後，逋臣遺老，即以伽藍佛地為隱身之所，靜極生動，自不能不於此精心研究，以為鍛鍊身心之計。以是而外家之技術，乃放一光明。此亦由於天時人事之相逼而來，非偶然也。唯其中主旨，

較當時實有天淵之殊，即自強與搏人是也。

　　蓋以少林初時，不過謹守師法，足供健身自衛之用。至歲月既久，傳佈日廣，賢者猶不失佛門慈悲本意；而桀驁不馴者，乃至恃術凌人，為世詬病。及明室故老，薙度其間，遂極力挽救，倡衍宗風，又再重申戒約，謹擇門徒，使奇技勇傑之夫，而識道德品格之重。於是少林之積習，鬱然丕變，此不可不謂非日進於善者也。

　　唯自張氏全一，以俗子內家，忽而傳外家之衣缽，而又創明點穴之法，於是緇衣之徒，亦相率宗之，其他更無論矣。故少林家法，至張氏而一變。但張氏穴道之術，先本得之於道家馮一元，實只三十六手。（圖12-9）

　　其中有軟麻穴九，昏眩穴九，輕穴與重穴各九，合之為三十六按點手。然其點按而致死者，僅有九穴。即腦後（名腦海穴）、氣門、耳根穴、氣俞穴（即腦後脊骨第三節）、當門穴（又名血穴，即當胸正心口也）、命門穴（即腰脊骨由下數上第七節也）、肺海穴（即頭頸後脊骨第七節也，與下命門穴謂之「上七下七，一點命畢」是也）、氣堂穴（即小腹兩旁是也）、臍門穴（即肚臍是也），共為九穴。唯此中手法，有兩指點、一指點、斫點、拍點、掌印

圖12-9　馮一元

點、膝蓋撞點、手拐點等法，各有其用，非經親授，不易於著力。又有血度流行時刻表，乃點按術之極要者。

　　唯此須擇人而授，否則恐不免有恃術誤施之害耳。然張氏之點按術，雖為少林別開生面，究非佛門立法之本旨。可見天下事，凡創一術立一法，其終極每有始念所未及知者，此作俑者之宜慎也。（圖12-10～圖12-17）

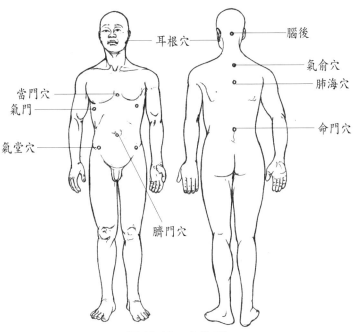

圖12-10　穴位圖

耳根穴

腦後
氣俞穴
肺海穴
命門穴

當門穴
氣門
氣堂穴

臍門穴

圖12-11

圖 12-12

圖 12-13

圖12-14

圖12-15

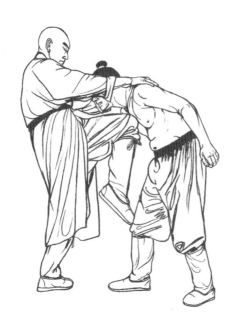

圖 12-16

圖 12-17

王一瓢者，為淮北大俠，精點穴之術。

圖12-18

　　自張氏點按術盛行後，凡南北技擊鉅子，無不視此為枕中之秘寶。未幾，有王一瓢者，為淮北大俠，尤精此術。

　　於張三豐之三十六手中，更推闡而為一百零八手，與人身之百零八穴相印合。並於點按手外，創立擒拿術，其手法共二十五度。（圖12-18）

總括其要，為五字訣：一曰印，二曰擒，三曰側，四曰緊，五曰切。

印則以掌心力印之；擒則以五指擒之；側則用掌緣側而取之；緊則按準其要害，而加力以緊之；切則如醫家之切脈勢，按其部位而切取也。

此種手法，非紙上空談所能領會。故技術之貴親炙演授耳。

王氏之徒，以浙東、淮北為多，明末清初間，風動一時。此少林技術，由外家而參合內家之徵。自道咸以來，內外兩家融會貫通，已無復內外之區分矣。（圖12-19～圖12-23）

圖12-19

圖12-20

圖12-21

圖12-22

圖12-23

少林之拳勢，以五拳為最著。一曰龍拳，二曰虎拳，三曰豹拳，四曰鶴拳，五曰蛇拳。此五拳者，各有其妙用。龍拳練精，蛇拳練氣，虎拳練力，豹拳練骨，鶴拳練神。精而習之，不唯有龍行虎奔之效（此龍虎兩字，即道家黃白燒丹術。所謂龍者，即太液之津；虎者，即流行之氣也。《內八段錦》），而且獲卻病延年之益。

綜五拳之手法，共一百七十三手。依少林技擊術功夫之次第，須於一切普通運氣使力，及各種馬步、手法等，俱習之嫻熟，而後始可練習五拳術。至五拳之次第，以虎、豹為先，蛇次之，鶴又次之，龍拳則最後。蓋以龍拳之使運，全用氣功為主，周身夭矯，如游龍之行空，所謂骨節通靈，身心手足均一氣貫串，上下相印。然此非數年功夫，不易到此境界。

據少林師法鉅子所傳授，謂少林自明季以後，已由釋宗而與道術相參貫，即如五拳之氣功，其中已十分之九係道家修養功夫，可謂釋道合併之徵矣。

考五拳創始之旨趣，係取法乎漢之華佗氏，不過略為變通而已。顧華氏之術，名為五禽之戲：一曰虎，二曰鹿，三曰熊，四曰猿，五曰鳥。而五拳師承其意，只將其鹿猿熊三者，改為龍豹蛇；而鳥之一術，仍襲其意，不過變鳥之虛稱而為鶴之實指。可見

五拳之淵源，固有所本，不得謂為少林之特別開創也。觀達摩師之言曰：靈魂欲其靜而悟，軀殼則欲其健而通；非靜則無以證悟成佛，非健則無以行血而走氣。故體須勤勞得中，使筋暢神怡，而後靈魂無拘滯瘠弱之苦。華佗氏之言曰：人體欲得勞動，但不當使極耳。動搖則穀氣得消，血脈流通，病不得生。譬如戶樞，終不朽也。是以古之仙者，為導引之事，熊經、鴟顧（莊子曰：吐故納新，熊經、鳥申，此導引之士，養形之人也），引挽要體，動諸關節，以求難老。倘體有不快，起作一禽之戲，則怡然汗出，身體輕便而思食。

廣陵吳普從之學，年九十餘，耳目聰明，齒牙完堅。可見兩師之意，均為健強身體起見，故其言若合符節。迨流傳既久，漸失其真，而內外家又互相雜糅參合，乃竟以是為搏人之技。（圖12-24）

降及元明時代，內家之術盛行。而南北兩派中，又名家輩出，且各樹一幟，以爭雄長。雖術則因此日進精微，而不肖之徒，遂挾此以為好勇決鬥之具。故前清咸同間，凡嫻習此術者，無不廣收門徒，到處標榜。不僅南北兩派中之紛爭最烈，即同一師法，亦違棄其同派不爭之旨，相與角拳靠手（凡有技術者之相競鬥，謂之靠手），以求勝於一時。自是衣冠縉紳之

圖12-24　華佗與五禽戲

士，遂視技擊為一種卑劣鄙俗之術，各相戒勉，無意
研求。故自道咸以降，此術遂等於廣陵散，幾絕跡於
人間。

　　竊嘗考求少林之歷史，起點於達摩，變遷於金
元，至明末清初，乃為極盛時代。自此以降，數十年
來，雖傳衍日多，其間不無奇才異能之士，貫通內
外，鎔鑄僧俗，作斯道之干城，傳方外之絕學。但以

謬種流傳，半失廬山真面，而此術遂如江河之日下，
豈不重可慨乎！

　考少林之技術，雖自朱明鼎革以後，得故老遺
烈，為之發揮光大，始克成一種完全無缺之術。然其
日就勢微，有一蹶而莫能振者，亦由於此。蓋以少林
為明室故老逋逃之淵藪，至滿清康、乾間，已漸為人
所聞知。試觀少林寺之兩次焚毀，僧徒死者數百人
（斯時國內有兩少林，一在中州，一在閩中），於此
可窺測滿清皇室之致憾於少林者，已有戮及方外之
意。故少林自經茲浩劫，而徒眾遂散走於四方，各以
其術為教授，其技擊師法，因是一變。

　其在大江南北者，以皖、浙為盛。技擊之法，多
宗張全一，專致力於神功呼吸之學；凡擎槍使棒等
事，不甚練習，此少林之上乘法門也。其在嶺南一派
者，則以一貫禪師為宗，而崇尚腿擊與超舉之法，因
粵人好以筋力跳躍為能事，於運使神化之微，頗不易
於領悟。以是少林技擊術，一至粵中，已如江至潯
陽，九派斯分。此由於風土俗尚之不同，故所傳亦因
而互異也。然以皖、浙與百粵，試為比較，雖同出一
宗，而各有其所尚。

　究其造詣之精粗而論，則皖、浙派得其柔，粵中
得其剛，如佛門之五祖、六祖者然。五祖尚潛修，六

圖12-25　一貫禪師印掌功夫

　　祖則尚靈悟，而一實一虛，南北派乃各有師法之異，
與此如出一轍也。綜之技擊為術，並無剛柔之分。其
入手之初，使剛者化而為柔，柔者化而為剛。及其至
也，則何剛何柔，亦柔亦剛，所謂神明變化，不可方
物，不可思議者也。（圖12-25）

　　　粵中之少林術，傳之於蔡九儀。蔡為一貫高足，
返粵後，杜門家居，並不以技術顯，人亦無有知之

者。蓋蔡本粵之高要人，崇禎時以武科起家，為洪經略承疇之軍令承宣官。後以洪降滿，遁匿於少林寺中，受技於一貫禪師，最長於超距術，且精腿擊法。與人搏，能騰身飛躍於丈尋以外，疾如鷹隼，令人不易防備。（圖12-26、圖12-27）

後年老，欲傳其術，遂擇子侄輩及戚友中之佳子弟，朝夕授之。其門徒中，以麥姓與莫姓兩人為最。麥、莫，均順德人，不知其名，蔡氏之術，麥、莫兩人，各得其一長，而不能完全兼擅。此少林技術之所以支分派別，難於究詰也。

少林五拳，蔡練習極精，至七十餘歲時，猶日夕演練不稍輟。麥氏性醇厚，而體魄甚活潑，故蔡以五拳之秘訣授之，自是麥之拳法，遂為兩粵冠。莫則身材短小而精悍，獨得蔡之腿擊與超躍術。後蔡歿數十年，麥、莫兩氏，各專心致志於師法，幾有青出於藍之勢；唯兩家雖師承於蔡，久之乃各自出其心裁，以達專精獨造之域。後麥則移家肇慶，莫則往來於三水、番禺之地，聲譽日騰，徒眾亦廣，而麥、莫兩家，遂為粵東技擊術之泰斗。至今百餘年來，談拳術者，猶嘖嘖稱麥莫兩家不置。亦可想見其盛也。

皖浙派之技術，以鄞邑與溫衢等處盛。後有張松溪其人，操術尤精。先本少林派，嗣以遊行潯贛間，

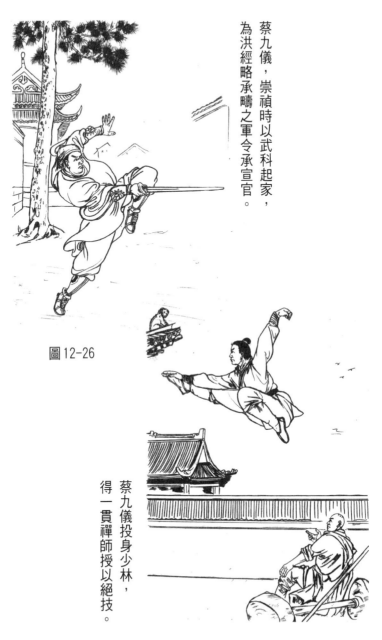

蔡九儀，崇禎時以武科起家，為洪經略承疇之軍令承宣官。

圖12-26

蔡九儀投身少林，得一貫禪師授以絕技。

圖12-27

圖12-28張松溪

與西江派鉅子熊氏遇。（圖12-28、圖12-29）

　　熊老無子，病逆旅中，張為之供給侍奉維謹。熊
感之，盡傳其技。張之術，乃大進。蓋熊本內家鉅
子，少年業商於川陝間，至漢中，與一道士同行，甚
相得，乃執贄為弟子。道士善導引、吐納術，能鼓氣
使全身如鐵，雖以極重之石錘撞擊之，毫不為苦。又

圖12-29　江西巨子熊氏

精於印掌，人立丈尋外，可以掌心力擊翻之。其技之
神，真不可思議。張得其秘，遂稱無敵焉。

　　據故老所傳聞，得其術者三四人，一為葉吉美，
一為王皋，一為季化南。吉美後授徒於南鄉，弟子甚
多。入其室者，為單思南、李咸九、笪象川諸人。一
時遞相授受，風動遐邇。至今談技擊術者，無不以松

圖12-30　張松溪的弟子

溪為得正法眼藏。（圖12-30、圖12-31）

　　唯松溪少年時，曾為某僧所困辱，某僧乃少林派
中人，故松溪終身不談少林術。其門徒亦仰承師意，
恨少林如仇讎。此為少林派之反對者，亦附志於此，
以明派別焉。

　　少林之棍法，本傳於李氏，後與內家相參合，乃
有折衷派起，倡為單雙並用。如遇敵時，撥護則用

圖12-31　葉吉美的弟子

雙，點擊則用單。此種棍法，表面論之，似覺亦有可
採取，不知此乃俗手下乘功夫，真不值名家鉅子之一
噱也。夫棍之使運術，與劍擊術甚相類，總在平時練
之最精熟，有游龍夭矯、草蛇舒捲之妙，而後可以得
心應手，禦敵制勝。若論其法，總以單頭為無上法
門。單雙並用，直是門外漢語。

　　蓋以棍之用力，全在虎口（即拇指與食指間是

圖12-32　少林之棍法

也）及食中等指之壓力，而兩手持棍之離合力（又名
梭力）最為緊要。其次則在身法與步法之左右、進
退、起落各法。又其次則在眼法。倘於此等緊要關
鍵，不能操之精熟，則區區一棍之微，亦殊難於挾持
也。至棍之神運各術，南北派中，亦各有專家。而雙
頭棍法，則卑卑不足道。凡於少林五拳有功夫者，則
棍法自在其中矣。（圖12-32）

第十三章
神 功 說

　　佛氏謂人之神通廣大，至於無量無邊，不可想像，不可思議。斯言也，以尋常世俗之見觀之，幾不解神通為何物，廣大又為何事。蓋以塵世眾生，本多惡劣性根，而又日醉生夢死於泥塗孽海之中。即人生固有之機能，尚為五根六塵所汩沒，而不克發揮光大，完其本真。更何足語於丈六金身，有盤天際地之能、超神入化之妙哉！

　　夫人之墮生於世也，本具有無上智慧、無上神通。苟充其力之所至，則乾坤我立，萬物我造，舉一切橫盡虛空、豎盡來劫之色色空空，無不可以自我而胎育之，而煦沫之，而鞭箠之，而生滅與吐納之。故釋迦謂大千世界億萬塵劫，皆由我所創造而成，非虛語也。此神功之說所由昉也。

　　夫不登泰山，不知山之高也；不觀大海，不知水

之深也；不讀神功之說者，不知技術之精微也。雖然，一技一術之微，有淺深焉，有誠偽焉。山有泰岱，水有河海，物有麟鳳，人有孔釋。不至其境，如與裸俗談文繡之美，聾者評絲竹韶武之音，雖言之津津，聽之藐藐，其勢使然也。

原夫拳勇之為術，尋常而視之，普通而習之，亦不過手也、足也、耳目也、氣與力也、膽勇與猛悍也。充其量，則禦侮制勝，有兼人之力，十人或數十人之敵而已。又有何奇技異巧之足言耶？

至於禪機妙諦，其廣大精微，乃上徹天而下徹地之無上法門，奚可與區區之拳技並為一談乎？唯是此道小之則為入世之金剛，大之則為出世之寶筏，所謂百家九流，殊途同歸者，正以此也。

矧夫禪蛻者，佛說六波羅密門之一門，乃千佛所胎息，三乘所劬勞，八教所管鑰。入之也有門，踐之也有途。譬彼登山，足無藉則何以為之階？手無捫則何以為之援？而且道之也有師，扶持之也有相，悟入華嚴，則三界皆有歸依；透此靈台，則萬象悉成塵土。大雄大辟，無恐無怖，如獅子王，震慑百獸；如嚴天尊，奔走萬靈。得此因緣，證果正覺，以佛為師，以佛知見為歸；以參悟為功，以禪蛻為行。初則雖徘徊於僻徑巉岩之中，久之則自入於道岸通明之

域。此洵所謂「既向如來行處行，自有圓覺通明處；得到法華知識淨，風雷眼底來時路」。觀此可以知神功之究竟也。

或有問於吾曰：以技擊之微術，而子高談禪理，未免故神其說，以誇誕而炫競乎？曰：世間九流百派，皆各有其登峰造極之致。惜世人志意薄弱，不能發猛勇精進心、艱苦卓絕心，每於身心性命之學，尚棄轍於半途，未克達超神入化、左右逢源之境。何況此技擊末術，平昔常以小道視之，其能一知半解，已覺為鐵中錚錚、庸中佼佼，如是而欲求其能深造自得，真如麟角空青、曠世罕睹。此神功之說，故只能於方外及山谷遐陬處求之，或可有萬一之望耳。

昔智隍禪師常語人曰：達摩師九年面壁，聽階前蟻鬥，聲如雷吼，是性根靜澈，始足見耳根能力之充分發展。於此可以悟禪機矣。由是觀之，則人身之五官百骸，各有其至神不可思議之能力。如目透重壁，鼻嗅天香，耳聞蟻鬥，口吐碧火，舌締青蓮，聲震蒼冥，手破崖壁，足踏波面，氣結霞霧。凡此種種，均非談虛說幻，炫異競奇。苟能悟徹玄機，自有此神通廣大。唯俗子凡夫，實不足語於此也。

故技擊一術，自古及今，千百年中，試觀諸私乘野史所記載，及故老之傳聞，與一身所經歷，見其能

以神勇絕技，留聲譽於人世間者，均以方外禪衲為多。次則黃冠導引之流，間有傳聞。此外如俗世庸夫，實千百中無一二可卓卓令人稱述者，即有之，亦半係薪傳佛門之衣鉢，始克少有成就。否則，如求其能崛然樹立，空所依傍，自成一家，而具技擊上之絕大神通者，真曠世而難覯也。觀此則技擊術與禪門之關係，亦可憬然悟矣！

或有問於覺遠禪師曰：技擊雖小道，而不可以小就，倘欲超乎神化之域，果何道之是從乎？師曰：佛門有十三宗，而以見性成佛為歸。技擊之師法雖多，而以神功上乘為極。此所謂江河萬流，朝宗於海；崗巒叢起，源終於嶽者也。然吾釋有不二法門，技術亦有為學次第，而一言以蔽之曰：專而已矣，恒而已矣。能專與恒，則天下無不可成之事，而況區區技術之微哉！

試讀《管子》之書，其中有「思之，思之，鬼神通之」兩言，即技擊神功之金針寶筏，不可以尋常視之也。顧人之於學問技術也，其始則患在不專，不專則雜而不一；其終則患在不能持久，不持久則無恒，無恒則懈心乘之矣。

夫人至於寡恒而多紛，孔子所謂「不可以作巫醫」，而況於技擊術乎？由是觀之，專一與有恆，為

凡百事業之根源，《管子》所謂「思之，思之，鬼神通之」者，即專一恆久之意也。

夫人於心性中之事業，其要悉在於思，倘一思而不得，則再思三思以至無盡思，任是何艱難阻滯之事，自有帝座通靈、鬼神來告，其玄妙真非局外人擬議所能知。而技擊之為術亦然，如得名師益友所傳授，則得訣歸來，驪珠在手，專心以求之，恆力以赴之；不以一知片技為能，不以小成中乘為快。一年不成，則期以二年；二年不成，則期以三年、十年，以至於畢生。日日如斯，月月如斯，年年如斯，即十年二十年亦無不如斯。

古語云：「鍥而不捨，金石可鏤」，精神一到，何事不成。故積其平生之心思血氣，不唯鬼神潛通於呼吸，而乾坤亦隱開其管鑰。及至心與神會，力由天授，其神通廣大，真有非平時夢想所能到者。始足見人有參贊化育，並天地而為三才之妙也。

昔一貫禪師教弟子曰：世界未有心不在是技，而是技能登峰造極者；世界亦未有心心在是技，而是技不能登峰造極者。試觀僚之丸、扁之輪，其技雖小，可以喻大。而技擊一術，又何獨不然？凡吾同志之士，幸勿妄自菲薄。斯則吾之所厚望也夫！

少林拳術秘訣

第十四章
各宗師鉅子遺言雜錄

一、痛禪上人

痛禪上人（圖
14-1）嘗戒徒眾
曰：

圖14-1　痛禪上人

凡有技術者，
最戒驕矜心。驕矜
則自恃，自恃則未
有不敗者。蓋古往
今來，恃財者終以
財敗，恃勢者終以
勢敗，恃智者終以
智敗，恃力者終以
力敗。何以故？以
有所恃，則敢於鹵
莽陷險故。

吳松侯者，洛陽人，為北派中之鉅子。精縱躍超距之術，凡三五丈之垣牆，聳身而上，疾同鷹鷂。至丈尋之溪壑，其往返超越，更不足論也。

圖14-2

　　吾嘗見一內家吳松侯者，洛陽人，為北派中之鉅子，平生膂力逾常，身手更矯健不群。且精縱躍超距之術，凡三五丈之垣牆，聳身而上，疾同鷹鷂。至丈尋之溪壑，其往返超越，更不足論也。（圖14-2）

　　嘗逞其技，使人立一過廳中，如面向前門，則立於前門外，面相對；如轉面後門，則立後門外，面亦相對。如是者，霎時間可七八度。蓋以其一躍即飛逾屋脊耳，其術不可謂不精也。後與友人某飲於江畔酒肆中。酒酣，共立江岸閑玩。友曰：「能超越彼岸乎？」吳即應聲聳躍而過。（圖14-3）

某日，吳與友酒酣後共立江岸閑玩，友曰：「能超越彼岸乎？」吳即應聲聳躍而過。

圖14-3

友招使還，吳應聲又至。足剛及岸，不虞岸已將圮，且值江流汛漲，近水處已被波濤沖裂，吳一時不慎，偶誤踏其上，岸崩數尺許，遂隨之墜落。江流正急，吳捲入波心而去。（圖14-4）

因素不習水，但從波濤洶湧處，躍起數尺，然能直上而不能旁近岸側，仍墜入水中。如是數回，終以力盡而溺斃焉。（圖14-5）

此由於自恃其術，始有此禍。倘能謹守儒家有若無、實若虛之訓言，又何至如是。至悟徹禪機，而能解脫一切者，則人我之相均無，更何恃技誇張之有。

吳不慎踏於鬆裂土上，
岸崩數尺許，遂隨之墜落。

圖14-4

吳從波濤洶湧處，
躍起數尺，
然難能旁近岸側。
如是數回，
終以力盡而溺斃焉。

圖14-5

此挾有技術者，當三復斯言，勿以為河漢也。

二、一貫禪師

一貫禪師（圖14-6）曰：

昔有甲乙兩人，同習技於少林。年相若，體幹相若，所授之技又相若，十年相處，朝夕與共。究其造詣之深淺，則乙不如甲遠甚。或問其故？師曰：世間無論何種技術，有有形者，有無形者；有形者可傳，無形者難授。人之一身，雖血氣無殊，精神相等，然其微妙處，或力巧而功不深，或功深而氣不靜，或氣靜而神不完。如是則終只能到中乘地步。求其臻入上乘，有超神入化之功，則戞戞乎其難哉！師又言：吾授徒二十

圖14-6　一貫禪師

餘年，門弟子以百餘計。究之升堂入室，可傳吾衣缽，而得正法眼藏，能為技擊界之龍象者，不過二三人而已。由是觀之，則技擊一術，雖稱小道，常有學技數十年，終不能深窺門徑者，從可知也。

三、李笠翁

李笠翁（圖14-7）曰：

人有奇材異能，便當善自韜藏。倘將血氣之私，以為好勇鬥狠之計，鮮有不敗者也。

如嘉靖中，秦淮某健兒，少年富膂力，善拳術，能雙手舉數百斤物，步行百餘丈，面色如常。（圖14-8）

又能數拳斃壯牛，使肋骨斷折，人稱其勇。（圖14-9）

圖14-7　李笠翁

秦淮某健兒，富膂力，善拳術，
能雙手舉數百斤物，
步行百餘丈，面色如常。

圖 14-8

其力能數拳斃壯牛，
使肋骨斷折。

圖 14-9

而市中無賴，群推戴而畏怯之。某健兒更自誇大，嘗語人曰：「世人皆不足敵，但恨生千載後，不得與拔山舉鼎之雄，一較勝負耳！」旋往維揚間售物，得三十金，將歸，飲酒肆中，解金置案頭。酒家翁見之，謂曰：「前途多豪客，黃白物宜善藏之。」健兒擲杯斫案，攘臂言曰：「吾縱橫天下三十餘年，未逢敵手。有能取得腰間物者，當叩首降之。」

時有數少年，釀於左席，聞之錯愕，起問姓名里居，健兒頗自誇。又問以君之勇，能敵幾何人？健兒曰：「遇萬，萬敵；遇千，千敵。計人而敵，技斯下矣。」諸少年益錯愕。健兒飲畢，束裝上馬。不二三里，一騎追之甚迅。健兒自度曰：「殆所謂豪客耶？」比至，則一後生。健兒遂不介意。馬上相與談笑，頗相得。健兒睹少年腰懸弓矢，因問曰：「子服弓矢，善決拾乎？」後生曰：「習矣，而未嫻。」健兒援弓試之，力盡而弓不及彀。棄之，曰：「此物無用，佩茲奚為？」（圖14-10）

後生曰：「物自有用，用物者無用耳！」乃引弓自試。時有鷙唳空，後生一發飲羽，鷙墮馬前。健兒異之。（圖14-11）

後生曰：「君腰短刀，必善擊刺術？」健兒曰：「然！我所長不在彼而在此。」脫以相示。後生視而

健兒援弓試之，
力盡而弓不及彀。
棄之，
曰：「此物無用，佩茲奚為？」

圖14-10

有鶩唳空，
後生一發飲羽，
鶩墮馬前。

圖14-11

後生視而噱曰：「此割雞屠狗物，將焉用之？」以兩手一折，刀曲如鈎。

圖 14-12

噱曰：「此割雞屠狗物，將焉用之？」以兩手一折，刀曲如鈎。旋復伸之，刀直如故。（圖 14-12）

　　健兒失色，自度腰間物，非復我有矣！雖與偕行，股栗狀漸不自持。後生轉以溫語慰之。復前數里，四顧無人，後生縱聲一喝，健兒顛墜馬後。後生先斬其馬，曰：「今日之事，有不唯吾命者如此馬！」（圖 14-13）

　　健兒匍伏請所欲。後生曰：「無用物，盍解腰囊來獻。」健兒傾囊輸之，頓首乞命。後生曰：「吾得

後生先斬其馬，曰：「今日之事，有不唯吾命者如此馬！」

圖 14-13

此，差可十日醉！子猶草萊，何足誅鋤？以汙吾刀耳！」言已大笑，撥馬尋故道去。

健兒由是神氣沮喪，足重繭不前。自思三十金非長物，但半世英雄，敗於乳臭兒之手，何顏復見故鄉諸昆弟；遂潛遁至一村墅間，結廬賣酒以終身。每思及往事，輒惡惡欲死焉。

由是觀之，人有自恃其技，動輒驕矜凌人，好勇鬥狠者，當以健兒為殷鑒也。

古語云：良工深藏若虛，君子盛德，容貌若愚。

張天一先生與一貫禪師，相與往來二十餘年，各懷神技，而皆深藏不露。

圖14-14

觀此可知人之懷奇抱異，貴在能善自韜匿。毋炫己之長以驕人，毋暴己之氣以凌人。如斯而後可以養德，可以保身。昔張天一先生與一貫禪師，相與往來二十餘年，各懷神技，而皆深藏不露。後因他友言及，始各道其平生。亦可以為後學之模範矣。（圖14-14）

四、津川先師

津川先師（圖14-15）曰：

技擊之術，能造其極者，多出於沙門禪衲。其故

圖14-15　津川先師

蓋由於伽藍清靜之地，專心凝志，無外界以紛其心。此所以易於見功也。且剃度修養，其嗜欲較世俗為少，而筋骨自比世俗為強。以是數百年來，言此道者，在禪門已占十分之八九，可知方外之徒，其靜一之精神，已有足多也。

五、三原高氏

三原高氏（圖14-16）曰：

猴拳之創始，或有謂胎源於華佗祖師之《五禽

三原高氏曰：猴拳之創始，或有謂胎源於華佗祖師之《五禽圖》。

圖14-16

圖》。然考之當日《五禽圖》中之手法，雖有猿禽一段功夫，要不過鍛鍊腰腎之法，如《八段錦》所謂「老猿搬尖固腰腎」是也，並無何等手法、身法之流傳。據前輩所傳說，謂猴拳之起點，實創自山右馬氏。聞馬氏中年入山習技，遇某道士以此術授之。謂藏身躲閃之法，及眼光捷速、體軀活潑等事，世間無有出猿之右者。故人不能不取法於猿耳。（圖14-17）

傳說猴拳之起點，
實創自山右馬氏。
聞馬氏中年入山習技，
遇某道士以此術授之。

圖14-17

六、黎平胡氏

胡氏（圖14-18）曰：

技擊之為道，依俗諺所稱，只知眼尖（即眼明之
謂也）、手快、膽穩，三者而已。夫眼與手之曰尖、
曰快，乃下乘功夫所有事。若超乎上乘，則眼與手自
具有特殊之功能，不必求尖而自尖，不必求快而自快
也。至膽力一端，若不從禪功上著力，則生死呼吸之
會，頗難方寸不亂、處之裕如。

胡氏曰：技擊之為道，依俗諺所稱，只知眼尖、手快、膽穩，三者而已。

圖14-18

　　吾昔年自川蜀赴鄂，途遇某顯宦子，由成都登舟，驟從甚眾。有鏢客八九人，類皆彪形偉漢，意態雄壯，窺其自恃身手，有目無餘子之態。且各攜帶擅長之武器，如刀劍，如袖彈，如鐵如意、銅鐧等物，置船艙壁中，光威閃爍，英氣逼人。吾因與舟子有姻婭親，亦得附乘是舟。唯以眾鏢客睹吾軀幹瘦弱，尋常視之，毫無款洽意。吾性好靜，且見彼多粗莽，雅不欲與周旋，故雖同舟數日，尚未通姓氏焉。舟至夔州，又有兵士四人護送，聞係某府尊所派委也。

一日，夜半，忽有盜賊三四十人，猝然蜂擁而至乘舟之上。

圖14-19

一日，舟將抵荊沙。夜半，忽有盜三四十人，猝然蜂擁而至。（圖14-19）

某顯宦子急呼鏢客敵盜，眾無應者。吾聞聲從艙壁窺之，見眾鏢客皆戰慄瑟縮，面無人色。幸護送之兵士四人，各執火槍，在艙面與盜搏擊，狀甚勇敢。（圖14-20）

吾睹兵勢寡，恐不敵，乃抽壁上所掛刀劍，奮而相助，盜披靡，乃鼠竄去。（圖14-21）

是役也，若不得由夔來之護送兵士，出而奮鬥，

護送之兵士四人，在艙面與盜搏擊，狀甚勇敢。

圖14-20

胡抽壁上所掛刀劍，奮而相助，眾盜披靡，鼠竄而逃。

少林拳術秘訣

380

圖14-21

不獨資財蕩然，且某顯宦子與其隨從人等，恐將不能保其生命。則所謂鏢客者，平日受人豢養，誇勇炫技，氣雄萬夫，迨至事變猝至，乃怯縮如轅下駒，反不若營隊之兵士，雖無技擊之長，猶敢冒險一擊。此其故，蓋由於無膽之所致爾！

由是觀之，則膽力之與技擊關係，殊匪淺鮮，似平日練膽之法，更不可不三致意也。

七、覺遠上人

覺遠師（圖14-22）曰：

欲求技術之精，總須由漸而進，敘次而入。切不可求速。求速，不僅有不達之弊，而於體魄上受無窮之害。更不可鼓力。鼓力則無力，而力且不能持久。力如水也，盈科而後進，久則可臻於精微，而少後患。否則，所謂蠻野之力，山鄙粗莽之夫優為之，然非所語於名家鉅子也。後學者宜謹記焉！

或有問於覺遠師曰：師嘗言技擊之術，小之則足以強身保體，大之則足以卻病延年。嘗見鄉里間之年少子弟，有專力技術，而面黃肌瘦者；更有因而漸成癆瘵以死者。此何故歟？

師曰：此非技術之不善，乃不知用力之害，及不遇名師益友之傳授故也。

圖14-22　覺遠上人

　　當年少血氣方盛，只知貿然從事。或恃力以競勝，或鬥狠以爭先。既違由漸而進之旨，遂有欲速不達之弊。其甚者，嘗有用蠻野法，或以拳衝石，或以掌插沙，或猛鼓其胸肋腹臂之氣，而使人用器或手頻擊之，而強忍以為不痛者。故常見此種人之手臂指掌

等處，皮膜厚結如鐵殼，他人視之，以為似習技術者之現象也；不知是種蠻野法，乃鄉曲里巷中之下乘拳師所為。正所謂野狐禪、門外漢一流，何足語於上乘之神技妙術乎！故此種人常有因習技術，而妄用其力以殘身而隕命者。此豈先輩創立技術之微意耶？！

吾甚願後進有志之士，總宜袪淺鄙之習，化氣質之偏，庶足傳絕學於千秋，為國家之保障。斯則前途之大幸也夫！

國家圖書館出版品預行編目資料

少林拳術秘訣／陳鐵笙　原著　三武組　整理
——初版，——臺北市，大展，2020〔民109.05〕
面；21公分 ——（武術秘本圖解；8）
ISBN 978－986－346－297－2（平裝）

1. 少林拳
528 . 972　　　　　　　　　　　　　109002979

少林拳術秘訣

原　　　著／陳 鐵 笙
整　　　理／三 武 組
責任編輯／何 宗 華
發 行 人／蔡 森 明
出 版 者／大展出版社有限公司
社　　　址／台北市北投區（石牌）致遠一路2段12巷1號
電　　　話／（02）28236031 · 28236033 · 28233123
傳　　　眞／（02）28272069
郵政劃撥／01669551
網　　　址／www.dah-jaan.com.tw
E－mail／service@dah-jaan.com.tw
登 記 證／局版臺業字第2171號
承 印 者／傳興印刷有限公司
裝　　　訂／佳昇興業有限公司
排 版 者／弘益電腦排版有限公司
授 權 者／安徽科學技術出版社
初版1刷／2020年（民109）5月

定 價／400元

大展好書　好書大展
品嘗好書　冠群可期

大展好書　　好書大展

品嘗好書　　冠群可期